La Shoah in Piemonte
Storie, immagini, luoghi della persecuzione

Bruno Maida

LA SHOAH IN PIEMONTE

STORIE, IMMAGINI, LUOGHI DELLA PERSECUZIONE

Edizioni del Capricorno

© 2016 Edizioni del Capricorno
Edizioni del Capricorno è un marchio di Centro Scientifico Arte s.r.l.

Edizioni del Capricorno
Corso Monte Cucco, 73
10141 Torino
Tel. 011 385.36.56
Fax 011 382.05.49
info@edizionidelcapricorno.com
www.edizionidelcapricorno.com
facebook.com/EdizionidelCapricorno

ISBN 978-88-7707-272-6

Coordinamento editoriale: Roberto Marro, Chiara Pibiri
Progetto grafico e impaginazione: Giulia Ferrero
Stampa: Stamperia Artistica Nazionale - Trofarello (TO)

Sommario

IL DOVERE DI TESTIMONIARE

«Io tornata dal campo sono stata zitta molto. Un po' la gente non mi chiedeva, un po' non mi andava di raccontare, non sapevo il perché. Fatto sta che non parlavo. Poi soprattutto i ragazzi a scuola hanno incominciato loro a farmi domande, e allora mi sono sentita proprio il dovere di raccontare; era diverso insomma, ero stimolata, avevo uno scopo.» Giuliana Tedeschi, deportata ad Auschwitz, una delle voci più efficaci e intense della memorialistica della deportazione, racconta così il passaggio dal silenzio alla parola, lo scatto che ha determinato quel «dovere di testimoniare», che soprattutto negli ultimi decenni – e specie dopo l'istituzione nel 2000 del Giorno della Memoria – è diventato un imperativo per chi è tornato dai Lager, per le istituzioni e per la gran parte delle persone che individua nella persecuzione degli ebrei e nel tentativo di sterminarli da parte del nazismo e dei suoi complici uno dei nodi della nostra storia contemporanea.

È il rapporto tra le generazioni che fonda quella memoria e il suo valore etico, la possibilità che vi sia un passaggio di testimone. In questo caso, «passaggio del testimone» appare quasi un gioco di parole, un'espressione forse inadeguata nella sua immagine di trasferimento meccanico di qualcosa che rimane in sostanza immutato. Invece non è così: l a memoria s'incardina sulle domande del presente, si rinnova di continuo perché ogni generazione guarda – anzi, deve guardare – il passato con occhi e interrogativi nuovi. Ma la memoria non è sufficiente, e non solo perché i miei figli non potranno fare ciò che io, come la maggior parte degli adulti di oggi, ho sperimentato, ossia l'incontro diretto con il testimone, l'immersione in una dimensione a un tempo conoscitiva ed emotiva, la scoperta di valori forti e incarnati in persone tanto fragili quanto rocciose nel carattere e indispensabili nel fondare la nostra democrazia. No, la memoria non è sufficiente: affinché si radichi e non si ossifichi c'è bisogno della storia, capace di dare corpo ai fili del ricordo, al tessuto delle carte che emergono con fatica da un passato come quello nazista che ha teso a cancellare ogni traccia dei suoi crimini, alle chiavi interpretative che ci consentono di fare un passo avanti nella nostra conoscenza.

La pietra d'inciampo in memoria di Eleonora Levi in corso Massimo D'Azeglio, 12, a Torino.

Le pagine che seguono provano ad andare in questa direzione, raccontando storie, luoghi e protagonisti della Shoah in Piemonte. Secondo il Centro di Documentazione Ebraica Contemporanea di Milano, sono almeno 773 gli ebrei deportati dalle province di Torino, Cuneo, Novara, Vercelli, Asti e Alessandria. Più della metà sono stranieri e la gran parte proviene dal sud della Francia, dalle residenze forzate nella zona di occupazione italiana, dove i nostri ufficiali e soldati si rifiutano di consegnarli agli alleati tedeschi. Dopo l'8 settembre quei profughi provenienti da mezza Europa valicano le Alpi e arrivano in Italia, dove però vengono catturati e internati a Borgo San Dalmazzo, e da qui deportati dopo due mesi a Drancy e infine ad Auschwitz. Sono 329, e a loro si aggiungeranno nei mesi successivi altri ebrei stranieri internati in vari luoghi della regione, molti dei quali giungono dalla Jugoslavia, invasa dal nostro esercito. Tra le vittime non ci sono solo i deportati, italiani e stranieri, ma anche gli ebrei uccisi in Italia dopo l'occupazione: 54 sono coloro che nel settembre 1943 sono assassinati sul Lago Maggiore, a cui se ne aggiungono 8 in provincia di Cuneo, 1 nel Vercellese e 1 a Torino (è il compositore Leone Sinigaglia, colpito da infarto quando i fascisti vanno ad arrestarlo). Sono numeri che non comprendono molti altri piemontesi arrestati in altre province, come Primo Levi, Luciana Nissim e Vanda Maestro, arrestati in Val d'Aosta, oppure la meno nota famiglia Jachia, formata da Evelina Valabrega e dai figli (Ida di sei anni, Ercole di sette, Anselmo di nove e Pasqua di undici) sfollati nel Padovano, arrestati e internati a Vo' Vecchio, deportati ad Auschwitz e lì tutti uccisi.

Quello che avviene a partire dal settembre 1943 è, per gli ebrei piemontesi, un viaggio a ritroso. Le comunità, che dal Quattro-Cinquecento abitano in Piemonte nei piccoli centri, si spostano nelle città solo in età tarda, nel corso dell'Ottocento. Esemplare il gruppo ebraico torinese, che conosce una rapida espansione dal 1850 al 1880, influenzato dall'immigrazione dalle comunità vicine e legato soprattutto allo sviluppo economico di una città che diventa teatro di un processo particolarmente congeniale per chi ha da investire risorse e capacità. In Emilia e in Piemonte, nella seconda metà del secolo si contano 42 comunità, nelle quali la popolazione ebraica inizia in maniera sistematica a diminuire con velocità intensa e regolare, così da determinare, come ha scritto il demografo Roberto Bachi, «nel corso di meno di un secolo la scomparsa del 91% della popolazione nel gruppo emiliano e dell'88% in quello piemontese».

Nel 1835 gli ebrei sono 466 a Vercelli e più di 500 in provincia di Cuneo, al censimento del 1938 sono rispettivamente 325 e 182. A Saluzzo sono 320 al momento dell'Unità, 52 all'atto del censimento che precede le leggi razziali.

Ma, soprattutto, a Torino i 1500 ebrei che si contano alla metà dell'Ottocento diventano più di 5000 all'inizio del Novecento. Nell'estate del 1943 gli ebrei piemontesi fuggono dai centri maggiori e si nascondono nelle campagne, dove esistono rapporti parentali e di amicizia di lunga tradizione oppure per consuetudine di villeggiatura. «Mentre il primo tragitto», ha notato Alberto Cavaglion, «aveva richiesto decenni per compiersi, il ritorno è talvolta cosa di poche ore, la decisione presa sul momento, in condizioni spesso drammatiche.»

Il Piemonte è terra di confine, con una radicata esperienza e tradizione transfrontaliera in cui si sono costruite relazioni di lavoro e un costante scambio umano e materiale. In Francia e Svizzera i piemontesi hanno trovato spesso sbocco per la disoccupazione e lungo i confini hanno realizzato rapporti di profonda ibridazione tra le diverse comunità.

Le Alpi sono un luogo di rifugio, lo sono da sempre per i devianti, con ha notato Carlo Ginzburg, dai catari ai valdesi agli ebrei. Anche durante i mesi della Resistenza e della Shoah, quel confine mostra tutta la sua necessaria permeabilità, seppure in una situazione di grande difficoltà e pericolo. È un viaggio in due sensi: sono gli ebrei di tutta Europa che, presenti nella zona di occupazione italiana nel sud della Francia, scelgono di valicare le montagne per venire in una terra che, indipendentemente dal fascismo, pensano ospitale; sono gli ebrei italiani che cercano di entrare in Svizzera attraverso le valli del Novarese, a volte accolti, spesso respinti. Sono storie di alterne fortune, di fughe e speranze, di aiuti e delazioni, di scelte difficilissime da parte di una comunità che arriva al momento decisivo per la sua salvezza con assai poche risorse. Perché se è vero che la «persecuzione dei diritti» iniziata con la legislazione razziale del 1938 non è la Shoah, che punta alla cancellazione delle vite degli ebrei europei e nello specifico italiani, tuttavia vi è un legame stretto di continuità. Gli ebrei italiani giungono alla fase della «persecuzione delle vite» straordinariamente indeboliti a livello psicologico e materiale, perché i cinque anni di applicazione delle leggi razziali hanno avuto effetti devastanti all'interno del gruppo e nello specifico sulle singole famiglie.

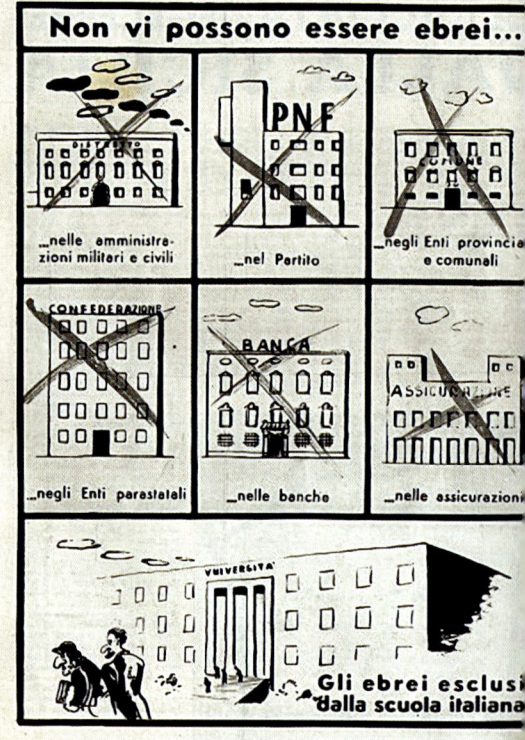

I divieti imposti agli ebrei dopo la promulgazione delle leggi razziali in un'esemplificazione grafica [Archivio Avondo].

Per gli ebrei, sotto questo profilo, la data decisiva non è l'8 settembre bensì il 1° dicembre 1943, quando sui giornali e alla radio si dà notizia che il giorno prima il ministero dell'Interno della Repubblica Sociale ha emanato l'ordine numero 5, che dispone che gli ebrei siano arrestati, internati in campi di concentramento e sequestrati i loro beni.

Si deve fuggire dunque, ma dove? In quale luogo e a quale latitudine, in un'Europa dominata dal nazismo, si colloca una possibile salvezza? Si cerca rifugio, appunto, nei posti dove si hanno relazioni sufficientemente solide da garantire silenzio, anonimato, aiuto materiale (perché bisogna cambiare nome, avere in qualche modo una tessera annonaria o comunque la possibilità di avere cibo e riparo). Per esempio, nelle valli di Lanzo molto torinesi trascorrono le vacanze, e così in Valle d'Aosta. Né si può dimenticare il legame forte, culturale e di persecuzione, che lega gli ebrei ai valdesi in quella val Pellice dove non pochi israeliti si nascondono oppure vanno a combattere nella Resistenza, come Emanuele Artom, Franco Momigliano, Giorgio Segre. O ancora il Saluzzese, il Monferrato e l'Astigiano, dove molti sfollano durante la guerra, anche grazie ai rapporti familiari di lunghissima data. Numerose le testimonianze che raccontano di come gli ebrei, specie i più anziani, non abbiano intenzione di muoversi dalle loro abitazioni: sono convinti che nessuno se la possa prendere con i vecchi e i malati, perché non servono agli eserciti. Abituati alle guerre precedenti, non sanno – ma spesso non vogliono ascoltare le voci di chi li mette in guardia – che la volontà sterminatrice dei nazisti e la complicità dell'alleato italiano non rispondono ad alcuna regola conosciuta. E poi, qual è la scelta migliore? Fuggire e nascondersi sono prospettive impegnative e scelte difficili da fare. Implicano intraprendenza, coraggio e lungimiranza in un tempo notevolmente concentrato, dove i segni possono essere interpretati in modo differente. Sono scelte che dipendono o vengono facilitate dall'esistenza di accettabili condizioni economiche e dalla presenza di persone disponibili all'accoglienza. Problemi complessi accompagnano i pensieri e i dubbi di quei momenti, come la scelta per i nuclei familiari di restare uniti o dividersi. Decisivo è spesso l'incontro con una o più persone coraggiose che aiutano a nascondersi. In Piemonte, come nel resto delle regioni occupate, si tratta di gesti di singoli, ma esistono anche reti di solidarietà e soccorso come la Delasem o la Chiesa cattolica – nella singolarità di sacerdoti, nell'apertura degli istituti religiosi, a volte nelle stesse curie – che mettono a disposizione luoghi, risorse e autorevolezza.

Tra coloro che vengono deportati pochissimi sopravvivono. Natalia Tedeschi ha ventitré anni quando ritorna a Torino: «Ho dovuto mettermi a lavorare – io a sedici anni ero stata buttata fuori dalle scuole per le leggi razziali, non ho potuto continuare gli studi – e quando siamo tornati, naturalmente ci avevano portato via tutto, non potevo permettermi di stare a casa a farmi mantenere dai miei fratelli. Neanche l'avrei voluto. E questo mi ha aiutata molto anche a reinserirmi. Ma io avevo un gran disprezzo per tutta l'umanità quando sono tornata, proprio… Non riuscivo più a capirli, perché gli altri non riuscivano a capire me. Io arrivavo da un altro mondo: per me, in questi diciassette mesi, erano passati di colpo vent'anni». L'Italia del dopoguerra,

come d'altra parte tutti i paesi belligeranti, è oppressa dal senso della morte. I volti, le parole, gli edifici non rinviano certo ai campi di sterminio, ma a una propria esperienza di morte – che ha colpito per lo più il nucleo familiare – mentre l'ex deportato si configura come realtà che supera il piano soggettivo e che diventa inspiegabile in quanto partecipe di un universo che è «altro» rispetto alla società nella quale è tornato. Così, ogni pezzo di questo ritorno – dall'incontro con i parenti (se ve ne sono) al reinserimento nella comunità, dalla costruzione degli affetti alla ricerca del lavoro – si configura come il drammatico tentativo di riconnettere il prima al dopo, attraverso un'esperienza che ha modificato categorie e classificazioni, i rapporti con la società e con gli individui, ma che soprattutto è per certi versi impossibile da comunicare e da comprendere.

Difficoltà materiali e psicologiche si accompagnano, dunque, attraversate da una breve ma intensa speranza che accomuna – su livelli diversi ma profondamente correlati – gli ex deportati a tutti gli ebrei che hanno dovuto subire la persecuzione attraverso l'espulsione da ogni attività, l'allontanamento dalle proprie case e dai propri affetti, il sequestro o il

Il campo di concentramento di Fossoli in una foto del 1994 [ANSA/S&M Studio].

13

Torino, 1944: arruolamento delle ausiliarie della Repubblica Sociale [Archivio Avondo].

saccheggio dei propri beni, la fuga per conservare le proprie vite. La reintegrazione nei propri diritti si scontra fin da subito con le lentezze amministrative, le cautele legislative, con le resistenze corporative e burocratiche spesso a carattere razzistico, con un attaccamento ipocrita alle questioni formali, con una sostanziale incomprensione dei bisogni degli individui, con un'idea della continuità dello Stato che rifiuta l'esperienza della Repubblica Sociale come parte delle responsabilità degli italiani, siano stati o meno classe dirigente.

La speranza che gli ebrei – ma anche tutti i deportati politici – vivono è stata espressa con lucidissime parole da Primo Levi: «Se alla liberazione del Lager, qualcuno ci avesse predetto che il mondo libero, da cui stavamo per essere riassorbiti, sarebbe stato meno che perfetto, non gli avremmo creduto. Ci sarebbe sembrata un'assurdità, un'ipotesi talmente sciocca da non poter essere presa in considerazione. Era un sogno ingenuo, ma tutti lo abbiamo fatto».

Enrica Jona e Primo Levi ad Asti nel 1975 [Fondo Famiglia Jona – Archivio Israt].

CORRIERE D

AMENTI ... Italia Impero Colonie ... Estero ...   LA DOMENICA DEL CORRIERE   CORRIERE DEI PICCOLI   Prezzi degli abbonamenti ai per

Gran Consiglio p

ende una serie di vitali dec

L'ebraismo bolscevico e antifascista - I matrimoni
ebrei stranieri - Il trattamento degli ebrei di

ecisivo intervento di Mussolini per il trionfo d

(testo in colonne, in gran parte illeggibile)

nti al prestigio della razza
nei territori dell'Impero.

Il Gran Consiglio del Fascismo ricorda che l'ebraismo mondiale — specie dopo l'abolizione della massoneria — è stato l'animatore dell'antifascismo in tutti i campi e che l'ebraismo estero e italiano fu sconfitto e stato — in taluni periodi culminanti come nel 1924-25 e durante la guerra etiopica — unanimemente ostile al Fascismo. La immigrazione di elementi stranieri accentuatasi fortemente dal 1933 in poi — ha peggiorato lo stato d'animo degli ebrei italiani nei confronti del Regime, non accettato sinceramente poiché antitetico a quella che è la psicologia, la politica, l'internazionalismo d'Israele.

Tutte le forze antifasciste fanno capo a elementi ebrei: l'ebraismo mondiale è in Spagna dalla parte dei bolscevichi di Barcellona.

Il divieto d'entrata e l'espulsione degli ebrei stranieri

Il Gran Consiglio del Fascismo ritiene che la legge concernente il divieto d'ingresso nel Regno degli ebrei stranieri non potrà più oltre essere ritardata e che l'espulsione degli indesiderabili — secondo il

ebraica chi pure essendo nato da un matrimonio misto professa la religione ebraica.

— non è considerato di razza ebraica colui che è nato da un matrimonio misto qualora professi altra religione all'infuori della ebraica alla data del 1° ottobre XVI.

Discriminazione fra gli ebrei di cittadinanza italiana

Nessuna discriminazione sarà applicata — escluso in ogni caso l'insegnamento nelle scuole di ogni ordine e grado — nei confronti di ebrei di cittadinanza italiana — quando non abbiano per altri motivi demeritato — i quali appartengano a:

1. Famiglie di Caduti nelle quattro guerre sostenute dall'Italia in questo secolo: libica, mondiale, etiopica, spagnola.

2. Famiglie di volontari delle guerre libica, mondiale, etiopica e spagnola.

3. Famiglie di combattenti delle guerre libica, mondiale, etiopica e spagnola insigniti della Croce al merito di guerra.

4. Famiglie di Caduti per la Causa fascista.

5. Famiglie di mutilati, invalidi feriti per la Causa fascista.

1. Che agli ebrei allontanati dagli impieghi pubblici sia riconosciuto il normale diritto di pensione.

2. Che ogni forma di pensione sugli ebrei per ottenere abusive sia rigorosamente repressa.

3. Che nulla si innovi per quanto riguarda il libero esercizio del culto e l'attività delle Comunità ebraiche, secondo le leggi vigenti.

4. Che, insieme alle Scuole elementari, si consenta l'istituzione di Scuole medie per gli ebrei.

Immigrazione di ebrei in Etiop

Il Gran Consiglio del Fascismo non esclude la possibilità di concedere, anche per deviare l'immigrazione ebraica dalla Palestina, una controllata immigrazione di ebrei europei in qualche zona dell'Etiopia.

Queste eventuali e altre concessioni fatte agli ebrei potranno essere annullate e aggravate a seconda dell'atteggiamento che l'ebraismo assumerà nei riguardi dell'Italia fascista.

Cattedre di razzismo

Il Gran Consiglio del Fascismo prende atto, con soddisfazione, che il ministro dell'Educazione nazionale ha istituito cattedre di studi s

ELLA SERA

gli abbonati al "Corriere.

A LETTURA IL ROMANZO MENSILE

INSERZIONI

sieduto dal Duce

oni per la difesa della razza

i vietati - Divieto d'entrata ed espulsione degli
dinanza italiana: esclusioni e discriminazioni

giusta pace e il sorgere di una nuova Europa

Il santo Padre legge al microfono il messaggio che ha inaugurato il servizio radiotelefonico tra l'Italia e il Giappone.

IL SERVIZIO RADIOTELEFONICO TRA ITALIA E GIAPPONE

Un articolo sul Corriere della Sera del 7 ottobre 1938 sulla difesa della razza [ANSA].

CAPITOLO 1

IL TORINESE

Edvige e Itala Lattes vengono arrestate a Torino il 17 ottobre 1943. Edvige è una sarta, ha compiuto sessantasei anni dodici giorni prima e li ha festeggiati con la sorella Itala, che ne ha quattro di meno e fa la rammendatrice. Probabilmente sono i fascisti a prenderle e condurle subito alle Nuove. In seguito sono trasferite al carcere di San Vittore a Milano, da dove vengono deportate con il trasporto del 6 dicembre. Arrivano ad Auschwitz l'11 dicembre: Edvige viene uccisa all'arrivo, la sorella tre giorni dopo. Sono le prime dei 246 ebrei catturati in provincia di Torino, di cui solo 245 vengono deportati, perché in settantaseienne Leone Sinigaglia viene stroncato da un infarto il 16 maggio 1944, quando i militi della Repubblica Sociale vanno ad arrestarlo in ospedale. Come emerge dalle ricerche del Centro di Documentazione Ebraica Contemporanea, oltre a Torino arresti di ebrei avvengono a Brusasco, Chivasso, Coazze, Coassolo, Canischio, Forno Canavese, Ivrea, Lanzo, Lessolo, Luserna San Giovanni, Moncalieri, Mocchie, Rivoli, San Sebastiano Po, Succinto, Torre Pellice, Vico Canavese. Gli ebrei torinesi, come gran parte dei loro correligionari italiani, sono destinati ad Auschwitz: sono 212 coloro che vengono internati nel lager polacco, deportati da Milano il 6 dicembre 1943 e il 20 gennaio 1944; da Fossoli il 22 febbraio, il 16 maggio, il 26 giugno e il 2 agosto; da Bolzano il 24 ottobre. Ne sopravvivono 21.

I tedeschi arrivano a Torino nel pomeriggio del 10 settembre 1943. Al comando del tenente colonnello Hugo Krass, il secondo reggimento corazzato Panzer-Grenadier della 1ª Divisione della «Liebstandarte

LEONE SINIGAGLIA: SOLO LA MORTE NE IMPEDISCE LA DEPORTAZIONE

È soprattutto dai contadini delle campagne intorno a Cavoretto, sulla collina torinese, dove trascorre lunghi periodi, che Leone Sinigaglia raccoglie centinaia di canti popolari che in parte arrangia e pubblica in successive edizioni a partire dal 1914 con il titolo *Vecchie canzoni popolari del Piemonte*. Sta lavorando a una delle trentasei canzoni che costituiscono il corpus della sua opera quando, il 16 maggio 1944, i fascisti entrano nella stanza dell'ospedale Mauriziano, dove l'anziano compositore – compirebbe settantasei anni ad agosto – ha trovato nascondiglio e ospitalità insieme alla sorella Alina grazie al primario comunista Domenico Coggiola.

Nelle ore precedenti la polizia fascista è entrata nella villa dei Sinigaglia a Cavoretto e l'ha saccheggiata, poi a colpo sicuro (forse per una delazione) si è diretta verso l'ospedale torinese. Il musicista è convinto, come ha scritto all'amico Luigi Dallapiccola, che la sua età avanzata lo possa mettere al riparo da ogni aggressione e probabilmente è sicuro che la sua autorevolezza nel mondo della cultura italiana conti qualcosa, sebbene come ogni ebreo abbia subito una progressiva e umiliante marginalizzazione dopo il 1938, da quando le leggi razziali hanno vietato le esecuzioni delle musiche di compositori ebrei.

Ritratto del compositore Leone Sinigaglia.

Quando però i due poliziotti fascisti gli dicono di essere venuti per arrestarlo, il maestro non resiste al colpo e un infarto lo uccide all'istante. La sorella, che è in una stanza vicina, viene avvertita e per due notti veglia la salma. Dopo avere accompagnato il fratello al cimitero per l'ultimo saluto, è convinta dagli amici ad abbandonare la città e a rifugiarsi a San Giorgio Canavese, ma durante il viaggio viene colpita da una paralisi e ricoverata in ospedale dove, il 6 giugno, muore.

VILLA ENRICA E LA FAMIGLIA BOLAFFI

A partire dall'Ottocento, le valli di Lanzo sono luogo di villeggiatura per molti torinesi. Tra questi i fratelli Alessandro e Benvenuto Terracini, matematico uno e linguista l'altro, che nel 1938 sono stati i primi ad attivarsi a Torino per organizzare nella Comunità ebraica la scuola per i bambini colpiti dalle leggi razziali. La grande villa Enrica a Mondrone ospita invece la famiglia Bolaffi. Qui vengono nascoste le preziose raccolte di francobolli di Alberto, il fondatore dell'omonima ditta, e qui si rifugiano anche il figlio Giulio, i nipoti Stella e Alberto, la sorella Sandra, il marito Giulio Artom e i loro due figli, Guido e Franco. Alberto e Stella, insieme all'istitutrice Gabriella Foà, anche lei ebrea, si nascondono e il padre li riabbraccerà solo nel maggio 1945. Sandra e la famiglia espatriano in Svizzera. Evitando una sistemazione facile e sicura («E tutto questo lo rende profondamente rispettabile», scrive nel suo *Diario* Ada Gobetti), Giulio invece rimane ed entra nella Resistenza prendendo il nome di comandante «Laghi». Ma sono molti gli ebrei che in valle di Lanzo partecipano alla lotta di liberazione. Da villa Enrica, dove s'insedia il comando della II divisione Garibaldi, si dipana anche una rete di soccorso e di assistenza agli ebrei che si nascondono nella valle, e sono almeno duecento che ricevono diverse forme di aiuto.

SS Adolf Hitler» percorre lentamente corso Giulio Cesare. I 3000 uomini, che hanno combattuto sul fronte orientale, i 112 autocarri blindati muniti di mitragliatrici e i 5 piccoli carri armati entrano nel centro cittadino e mostrano fin dall'inizio quali caratteristiche avrà l'ordine imposto dall'occupante: è un'esposizione pubblica della forza, con le prime sparatorie ed esecuzioni sommarie, con le retate di migliaia di soldati nelle caserme, fatti marciare fino alla stazione. Nel tardo pomeriggio di quel giorno, tra le prime vittime, mitragliate dai tedeschi per rispondere alle urla e ai fischi provenienti da alcune persone davanti alla stazione di Porta Nuova, vi è anche un ebreo, l'ottantacinquenne Amadio Levi. Ma i tedeschi compiono anche una strage davanti all'Opificio Militare, per impedire il saccheggio dei magazzini da parte della popolazione civile. Rimangono sul terreno 17 morti.

Le voci più strane e preoccupate attraversano la città. Emanuele Artom scrive nel suo diario: «I tedeschi sono entrati ieri a Torino e circolano le voci più folli: che tagliano le mani alla gente per prendere gli orologi da polso ecc.»

Soldati tedeschi a Torino, estate 1944 [Archivio Istoreto].

Torino ha un valore strategico per i nazisti, perché il suo apparato industriale deve servire a sostenere lo sforzo bellico del Reich. Come sempre nel modello di occupazione tedesco, lo sfruttamento si abbina alle politiche di deportazione e sterminio, come accade rapidamente a Torino e alla sua provincia. I comandi della Militärkommandantur 1005 (che comprende Torino e Aosta) vengono stabiliti in corso Galileo Ferraris, sede degli alti comandi, e coloro che sono trovati nell'edificio vengono immediatamente deportati in Germania. Per i torinesi sono altri quelli che diventano in poco tempo i luoghi della paura: l'albergo Nazionale in via Roma dove ha sede il comando della Sipo-SS (la polizia tedesca), la caserma La Marmora in via Asti dove si trova l'ufficio politico investigativo della Guardia Nazionale Repubblicana, la casa Littoria a palazzo Campana in via Carlo Alberto, le Carceri Nuove da cui si parte per la deportazione, il poligono del Martinetto teatro delle fucilazioni. Luoghi di torture, sofferenze, morte, tappe di una deportazione che coinvolge ebrei e politici nella città che da sempre è la meno fascista e la più odiata e temuta da Mussolini.

Ebrei impegnati a Torino nel lavoro coatto [Archivio Istoreto].

Le Brigate Nere sfilano a Torino.

La città ebraica si concentra nel quartiere di San Salvario da quando nel 1884 è stata costruita la nuova sinagoga, in un isolato che comprende gli uffici della Comunità e le scuole. Il cuore della Torino ebraica rimane tuttavia piazza Carlina, vicino all'edificio che fino al 1848 ha ospitato il ghetto e non lontana da quella Mole Antonelliana che avrebbe dovuto essere il tempio visibilissimo degli ebrei torinesi. La sinagoga di Torino è stata colpita il 20 novembre 1942 e parte dei documenti e dei libri è andata perduta nell'incendio. Poi, nei primi giorni di ottobre, i fascisti sono entrati nei magazzini della Comunità, hanno portato via molti dei volumi rimasti e gli hanno dato fuoco, in un atto simbolico, in piazza Carlina. Nel frattempo, nella scuola ebraica cresce ogni giorno di più la tensione: così gli esami che si svolgono in autunno avvengono sotto lo sguardo vigile del bidello, che resta in strada per avvertire nel caso in cui arrivino i fascisti. Altri insegnanti non entrano neanche nell'edificio. Mila Momigliano a quel tempo è la segretaria della scuola ebraica, e ricorda come il professore di latino e greco Marco Levi decida di far sostenere l'esame a un'allieva passeggiando per le vie vicine, mentre lei, dopo averlo raggiunto con il registro, verbalizza domande, risposte e il risultato finale.

È la fine di ottobre quando a Torino arriva il reparto mobile guidato dal trentenne Theodor Dannecker, che compie diversi arresti e poi si dirige altrove. Il 27 ottobre sono undici gli ebrei che finiscono nelle mani dei tedeschi, i quali possono andare a colpo sicuro perché hanno avuto informazioni precise da alcuni delatori. Mario Colombo viene ingannato da un debitore che gli dà appuntamento in una sartoria. Ad attenderli – non è solo perché lo accompagnano il padre Benvenuto e lo zio Enrico – ci sono le SS. Li fanno salire su un'auto nera, che i testimoni ricordano come un cupo presagio di quelle giornate, e li portano al comando, poi le SS risalgono sulla vettura e vanno ad arrestare i fratelli Giuseppe ed Edma Diaz, proprietari di una piccola ditta di maglieria. In realtà i nazisti sono almeno una decina quando entrano nel piccolo locale in via Buozzi – che allora si chiamava via 3 Gennaio per ricordare il discorso del duce del 1925 con il quale era iniziato il regime – e obbligano la segretaria a rivelare l'indirizzo di casa dei Diaz, dove alcuni poliziotti si dirigono per arrestare un terzo fratello, Dario, che nel frattempo, non vedendo i fratelli ritornare, ha telefonato per sapere cosa sta succedendo.

Torino: nei pressi di Porta Nuova nei mesi dell'occupazione tedesca [Archivio Istoreto].

Forse perché il reparto mobile lascia Torino, i tedeschi stanno organizzando i propri comandi e la Repubblica Sociale è appena nata, il mese di novembre trascorre senza arresti di ebrei. Riprendono a Torino e provincia a dicembre (almeno 30), sulla spinta dell'ordine numero 5 del ministero dell'Interno. La principale razzia che si svolge a Torino, sebbene se ne abbiano poche notizie, investe due edifici alla periferia della città, in via Como, che prendono il nome

di «Case economiche municipali» e «Casa dell'Ospitalità Fascista». Il nome di quest'ultima appare come una macabra ironia se si pensa al destino degli ebrei anziani e indigenti che vi vengono trasferiti nel 1943. Provengono dall'originario Ospizio Israelitico che si trova in piazza Santa Giulia, probabilmente colpito nel corso dei bombardamenti del novembre 1942. Non tutti gli ebrei dell'ospizio vengono dirottati in via Como – una parte dei 40 ricoverati sono ospitati nei locali dell'Opera Pia Lotteri, in via Villa della Regina – ma con loro vanno la direttrice Lidia Passigli, il segretario Ettore Abenaim e l'economo Lelio Leone Segre. Dopo qualche tempo, alcuni degli anziani ebrei lasciano gli edifici e cercano un nascondiglio, perché le voci di una retata si fanno sempre più insistenti; la maggior parte non si muove e d'altra parte non sa neanche dove andare, e in questo modo il 15 dicembre 1943 viene arrestata.

Non è detto che lo spostamento da piazza Santa Giulia dipenda solo dall'insicurezza del luogo determinata dalle incursioni degli aerei alleati su Torino. In quei mesi, proprio partendo da quell'edificio, il vice rabbino Giacomo Debenedetti organizza alcuni silenziosi quanto pericolosissimi cortei funebri per seppellire i morti nel cimitero ebraico in corso Regio Parco. Nobile e coraggioso gesto, che tuttavia può attirare l'attenzione di fascisti e tedeschi. Peraltro non sarà un caso isolato. Un altro funerale per un anziano ebreo partirà il 15 marzo 1944 dal reparto Infettivi dell'ospedale Mauriziano, all'interno del quale il primario, il comunista Domenico Coggiola, nasconde ebrei e partigiani riuscendo con falsi certificati a ricoverarne alcuni che sono stati incarcerati alle Nuove. Ma non si celebrano solo funerali in tempo di occupazione: per esempio Mario Levi si sposa il 28 novembre 1943 nel tempietto di via Orto Botanico con Carmela e i due, in seguito,

Interno delle carceri Nuove [Archivio Istoreto].

Mario e Carmela Levi rifugiati a Rorà sotto il falso nome di Olearo [Archivio Mario e Carmela Levi].

trovano rifugio a Rorà, in val Pellice.

Altri ebrei torinesi vengono presi in luoghi lontani, perché dalle grandi città si sfolla e si fugge. È il caso della famiglia di Salvatore Jachia. La moglie Evelina Valabrega e i quattro figli (Ida, la più piccola con i suoi sei anni, Ercole di sette, Anselmo di nove e Pasqua di undici) abbandonano Torino nel dicembre 1943 e si stabiliscono nella medievale città padovana di Montagnana. Tra le sue mura sono arrestati il 23 dicembre e rinchiusi nel campo di concentramento provinciale di Vo' Vecchio. Deportati ad Auschwitz, nessuno farà ritorno. Lontani dalla propria città si può essere più sicuri o più in pericolo, perché è difficile sapere di chi ci si può fidare. Remo e Ilka Iona hanno due figli – Ruggero e Raimondo, di undici e sei anni – e sono convinti della loro scelta di andare a Issime, un paese valdostano dove passano i periodi di vacanza. Vengono invece denunciati da Rudy Lerch, un giovane di Gressoney, conoscitore dei passaggi verso la Svizzera, confidente dei nazisti e già probabile responsabile della denuncia e della morte della famiglia Ovazza, uccisa nella strage del Lago Maggiore. Condannato a morte nel dopoguerra per collaborazionismo insieme a un maresciallo dei carabinieri, Andrea Bassignana, Lerch razzia i beni della casa degli Iona, dopo che questi vengono arrestati il 7 dicembre 1943. I due bambini sono a scuola e all'improvviso sono chiamati fuori dalla classe fra lo stupore dei compagni e l'inquietudine dell'insegnante. Il loro destino sono le camere a gas di Auschwitz, dove vengono uccisi insieme alla madre.

Dopo una breve pausa all'inizio del 1944, i rastrellamenti e gli arresti riprendono a febbraio, e sono 23 gli ebrei che cadono in trappola. Cinque di loro sono catturati in Valchiusella, vicino a Ivrea, nella caccia all'ebreo che organizza il questore di Aosta Pietro Mancinelli, processato nel dopoguerra per collaborazionismo e a cui si attribuisce la cattura di una ventina di ebrei italiani e stranieri. Il 14 febbraio arriva con i suoi uomini a Succinto Canevese e arresta Gastone Ancona, 49 anni, deportato ad Aushwitz e morto in un luogo ignoto, e i due figli Achille di 24 anni, deportato e ucciso ad Auschwitz, e Marisa di 18, morta a Bergen-Belsen. Insieme a loro, a Vico Canavese Mancinelli arresta Ada Fraenkel, di 55 anni, e il figlio Livio Goldshmied di 31, ingegnere dell'Olivetti, entrambi deportati ad Auschwitz dove sono uccisi. Viene anche fermato il parroco del paese, don Pellerej, accusato di aver aiutato gli ebrei e nascosto armi, ragioni per le quali viene anche bruciata una cascina di proprietà della Chiesa. D'altra parte, la provincia diventa sempre più un luogo di arresti perché gli ebrei vi sfollano o si nascondono in località per loro consuete per la villeggiatura, perché vi abitano dei conoscenti oppure perché vi hanno antiche radici.

Tra marzo e aprile sono ben 65 gli ebrei catturati a Torino e provincia. Tra questi c'è Giuliana Tedeschi, arrestata l'8 marzo, che al ritorno scriverà una delle primissime testimonianze della sua deportazione ad Auschwitz. I rastrellamenti continuano e sono tra 10 e 20 gli ebrei che finiscono nelle mani dei fascisti e dei tedeschi: 17 a maggio, 18 a giugno, 13 a luglio, 13 ad agosto, 10 a settembre. Gli arresti avvengono spesso in ospedali, nosocomi, ospizi, luoghi dove i persecutori sanno che possono trovare le vittime più indifese, quelle che non possono fuggire, come nel caso di Eleonora Levi, suocera di Giuliana Tedeschi, arrestata all'uscita dell'ospedale dopo aver subito un intervento a causa di un tumore o del già ricordato compositore Sinigaglia, nascosto all'ospedale Mauriziano. La sorte degli ebrei nel Torinese non sempre è negativa. Molti i luoghi e le organizzazioni di soccorso che si attivano. A Torino la Delasem può contare sul lavoro organizzativo di Raffaele Jona e dell'aiuto della Curia, grazie all'impegno e l'azione del cardinal Fossati e del suo segretario monsignor Barale.

GIULIANA FIORENTINO TEDESCHI

Giuliana Fiorentino ha trent'anni nel 1944. È di Milano come il marito Giorgio Eugenio Tedeschi, un architetto che dal 1938 non può firmare i suoi progetti perché ebreo. E a Milano si sono sposati e hanno avuto due figlie, Rossella ed Erica. Alla fine del 1943 sono a Torino, nascosti nella casa lasciata libera da amici sfollati in campagna. Giuliana e Giorgio hanno documenti falsi, che però non servono a niente perché sono stati denunciati ai tedeschi da un delatore. In una testimonianza, Giuliana racconta così la sera dell'8 marzo 1944: «In quel periodo mia suocera era in clinica perché aveva subito un'operazione e mio marito andava a trovarla la sera tardi, nel buio, e in una di queste visite è stato seguito da un fascista che ci ha denunciato alle SS, per cui la notte dell'8 marzo, alle 5 di mattina, si sono presentati a questa casa le SS e hanno trovato me e mio marito e le due bambine che allora avevano due anni e mezzo e undici mesi». I tedeschi non prendono subito le bambine, e intimano alla donna di servizio di non muoversi casa perché sarebbero ritornati. «Ho poi saputo attraverso la suora che dirigeva il reparto delle politiche

[...] che questa donna, che si chiamava Annetta Barale, assieme alle bambine sono scappate in casa di amici, hanno fatto perdere le tracce cambiando spesso domicilio e poi finalmente sono state ricoverate in un convento.»

Marito e moglie sono condotti alle Nuove, con loro c'è anche la mamma di Giorgio, Eleonora Levi, arrestata lo stesso giorno mentre esce dalla clinica Sanatrix dove è stata operata per un tumore. Da qui sono inviati a Fossoli e deportati il 5 aprile 1944 ad Auschwitz. Eleonora viene subito inviata alla camera a gas, Giuliana è invece immatricolata a Birkenau con il numero 76847. Sopravvive al Lager e alla «marcia della morte», arrivando a Ravensbrück, da cui in seguito viene trasferita a Malchow, dove viene liberata. Giorgio non resiste alla marcia di evacuazione e muore il 25 gennaio 1945. Al ritorno in Italia, Giuliana Tedeschi riabbraccia le figlie e si stabilisce a Torino, dove insegna al liceo classico e diventa una delle più rappresentative testimoni della Shoah, anche grazie al libro *C'è un punto della terra… Una donna nel Lager di Birkenau* (Giuntina, Firenze 1988).

Diverse sono le iniziative dei sacerdoti, come la rete di aiuti per ebrei e partigiani creata da padre Girotti, arrestato per questo e deportato a Dachau, oppure di don Biagio Fissore che a Giaveno si occupa nel

STORIA DI UNA FUGA

La famiglia Zargani – Mario, Eugenia, e i figli Roberto e Aldo, rispettivamente di nove e dieci anni – è nascosta da una decina di giorni a Torino in una stanzetta davanti al numero 39 di via Berthollet, non distante dalla stazione ferroviaria di Porta Nuova. L'appartamento è in un edificio davanti a quella che è stata la loro casa fino a quando un bombardamento l'ha resa inagibile. Dopo l'8 settembre, lo sfollamento si è trasformato in un pellegrinaggio sempre più segnato dalla paura e dall'ansia, viste le notizie che li raggiungono e che raccontano di rastrellamenti e della scomparsa di amici e parenti. È Antonietta – la donna di servizio che hanno dovuto licenziare nel 1938 – ad accoglierli nel suo appartamento. Sono giorni in cui vivono barricati in quella casa, senza mai poter uscire, senza lasciare neanche la stanza per non disturbare l'Antonietta, senza avvicinarsi alle finestre per non essere visti dagli agenti della Gestapo che, forse per caso, forse perché controllano gli indirizzi dove abitano gli ebrei, oppure perché sono molti i tedeschi vicino alla stazione, sono stati visti entrare nel loro vecchio portone.

È la mattina del 1° dicembre e la cameriera entra nella camera da letto, portando la colazione e il giornale. «Oh Dio, Dio, Dio, Diiio!», grida Mario. La notizia è sulle prime pagine di tutti i quotidiani e sebbene non sia a carat-teri cubitali, per gli ebrei italiani è la più importante tra quelle pubblicate quel giorno: il ministro dell'Interno, Guidi Buffarini, ha emesso l'ordinanza di polizia numero 5 con la quale si ordina l'arresto e l'internamento di tutti gli ebrei. È un caotico urlare e vestirsi di corsa, discutere per trovare una soluzione che metta al sicuro, prima di tutto, Roberto e Aldo. Viene trovata presso l'Arcivescovado, dove il cardinal Fossati e il suo segretario monsignor Barale – che parteciperanno in modo costante alla rete di aiuti per gli ebrei – accettano di prendersi cura dei bambini. È una giornata terribile, in cui la strada che separa la casa dei Zargani dall'Arcivescovado viene percorsa tre volte, lambendo alcuni dei luoghi più pericolosi e di maggiore concentrazione di tedeschi e fascisti. In quella fuga passano davanti, come spesso gli è accaduto, al negozio di trenini elettrici Abramo e lì, mentre il padre stringe le mani di Aldo e Roberto, cercando di accelerare quell'insolita passeggiata, i due bambini cercano di frenare per fermarsi a guardare quelle meraviglie, segno inconsapevole di un mondo che sta per essere spezzato per sempre. Passano anche davanti al caffè degli Specchi, in piazza Carlo Felice, il primo che a Torino nel 1938 ha esposto il cartello con il divieto per gli ebrei di entrare. «Quando verso le sette di sera, il buio della notte invernale si consolidò e cominciai a piangere», racconterà Aldo Zargani «nella certezza che il papà e la mamma fossero stati presi, il cardinale pensò all'inizio di cavarsela con poco: tirò fuori da un cassetto dell'immensa scrivania settecentesca una trottolina. Ma a nulla poteva servire un giocattolo: il mio non era il pianto di un bambino, a dieci anni non si piange così, quello era il lugubre lamento di una persona con la vita spezzata, perché sa di aver perduto le persone più amate.» La famiglia Zargani si ricongiungerà e sfuggirà alla deportazione.

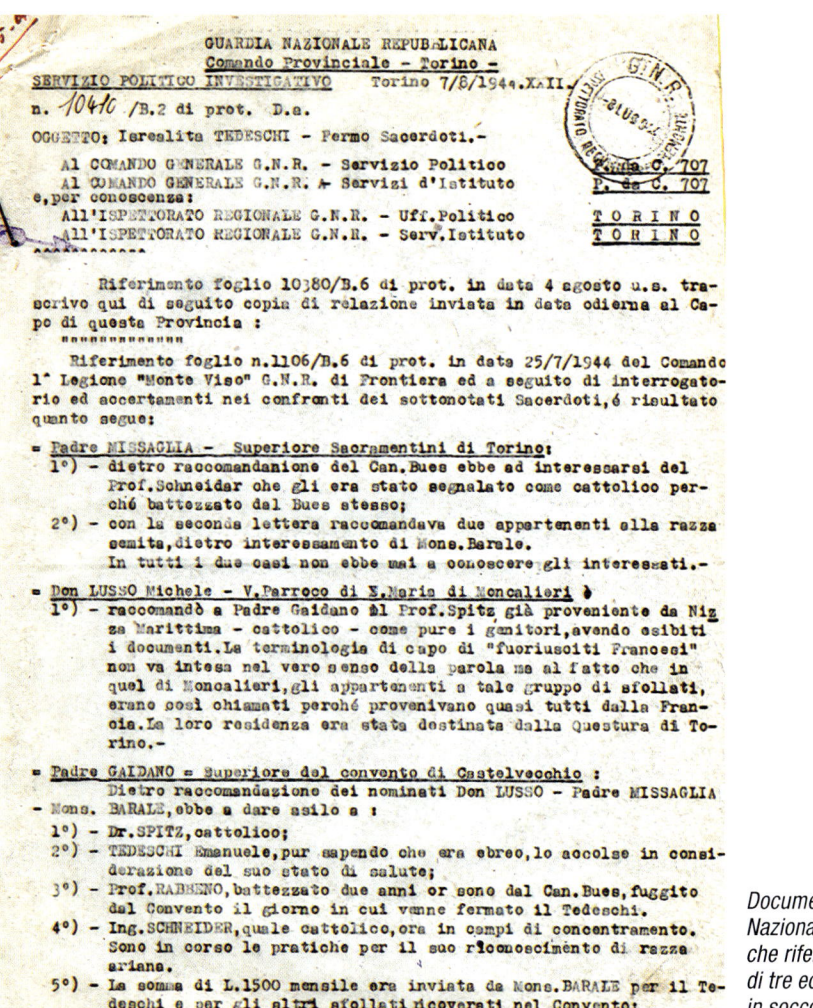

Documento della Guardia Nazionale Repubblicana che riferisce dell'attività di tre ecclesiastici torinesi in soccorso di ebrei [Archivio Avondo].

seminario arcivescovile degli ebrei sfollati in questa zona della bassa val Susa (e tra di loro c'è il quindicenne Cesare Segre, che sarebbe diventato un grande critico letterario e che nelle sue memorie ricorda diffusamente quel periodo). Molte altre iniziative non passano attraverso la Chiesa o le organizzazioni di assistenza ebraiche. È il caso del medico Carlo Angela, padre di Piero, che nasconde diversi ebrei nella clinica di San Maurizio Canavese. Oppure di un paese intero, Rorà Canavese in val Pellice, dove la comunità valdese si sente da sempre vicina a quella ebraica per la comune vicenda di persecuzione, e dove si rifugiano moltissimi ebrei. Un luogo particolare, la trattoria Frioland, è rimasta impressa nella memoria di molti ebrei lì sfollati a partire dall'inverno 1942 e poi nascosti e protetti dalla comunità: vi si ascolta Radio Londra, vi si può incontrare un impiegato comunale, Silvio Rivoir, che realizza i documenti falsi per gli ebrei, oppure lo scultore Roberto Terracini, che si è nascosto a Rorà con la moglie e la figlia di tre anni. Le formazioni partigiane in val Pellice hanno un ruolo importante nella difesa degli ebrei, e non pochi di questi vi entrano: è il caso per esempio di Walter Rossi, arrestato dopo un duro combattimento proprio a Rorà e ucciso nella strage nazista del Pian del Lot il 2 aprile 1944.

Ricevute per l'autodenuncia di «appartenenza alla razza ebraica» [Archivio Terracini-Laudi, Pinerolo].

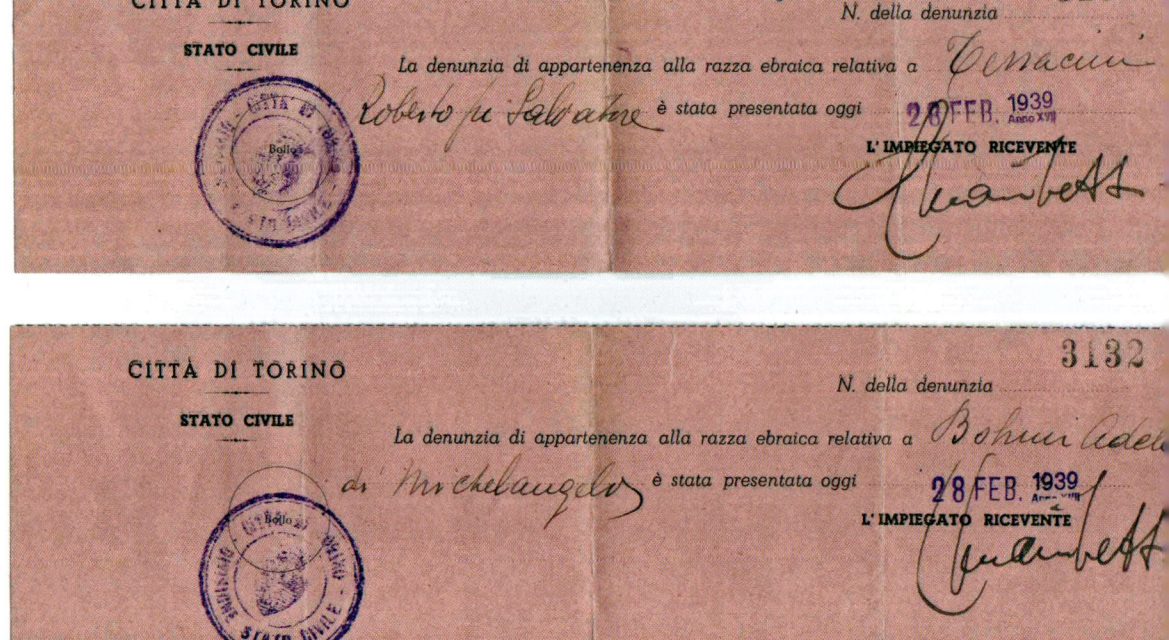

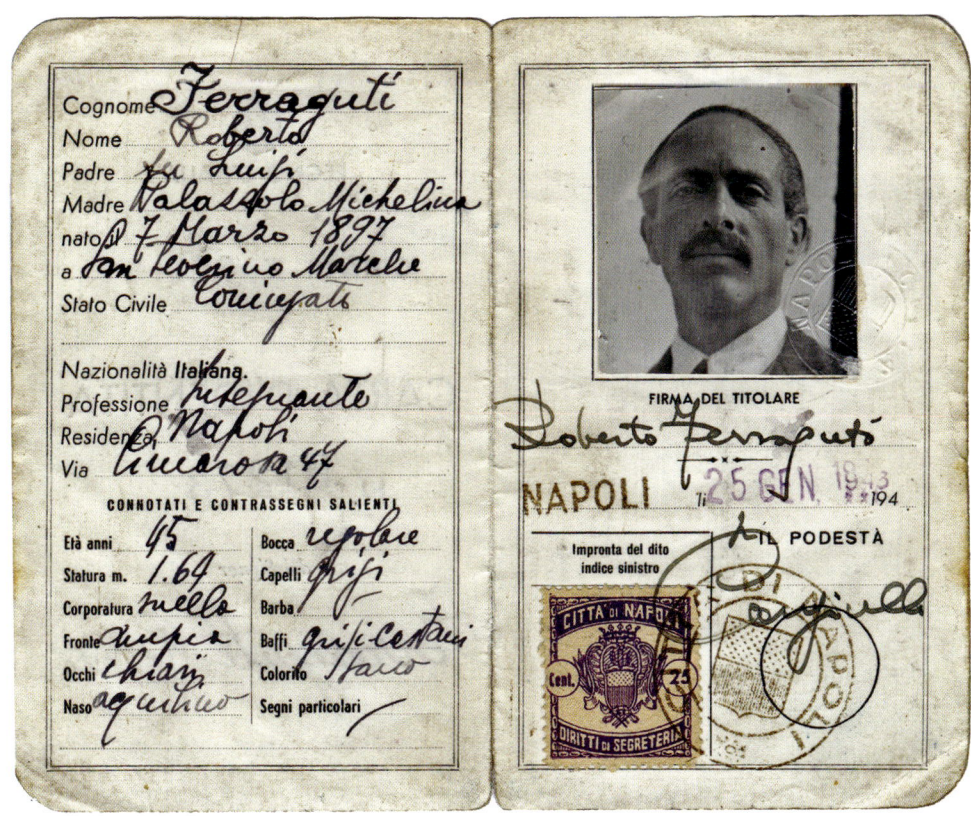

Il falso documento d'identità di Roberto Terracini [Archivio Avondo].

DIO CONTA LE LACRIME DELLE DONNE

Elena Recanati viene arrestata il 9 agosto 1944 a Canischio insieme al marito Guido Foà, imprigionata a Cuorgnè e alle carceri Nuove di Torino e deportata ad Auschwitz

«E allora, dunque mio figlio è nato l'8 novembre del '43, pochi giorni dopo, diciamo forse verso il 20 di novembre, è venuto una sera il messo comunale, di Cuorgné, di allora, a dirmi: 'Sentite, io ho l'ordine di prendervi, io adesso non vi ho trovati, verrò domattina, non, fatevi trovare'. Siamo scappati col bambino piccolo che aveva allora, dunque... tra i 15 e i 20 giorni di età. E siamo andati a finire a Prascorsano a nasconderci, e a Prascorsano siamo stati rifugiati, perché lì mio marito conosceva qualcuno...»

«Se non che, quando è arrivata a Canischio la decima MAS... È arrivata la decima MAS che era la divisione comandata da Valerio Borghese, ed erano i cosiddetti repubblichini più feroci e che erano proprio collegati con le SS. E ad un certo momento hanno circondato la nostra casa, era il 9 maggio del '43, il 9 agosto del '43, giusto l'anniversario del nostro matrimonio tant'è che mi ricordo che avevo messo al bambino una tutina nuova che avevo appena finito di fare con la lana celeste con i fiocchetti qui sulle spalle, avevo preparato un pranzetto... un po' più... avevo fatto la pasta in casa per festeggiare i due anni del matrimonio...»

Elsa Levi viene arrestata il 9 maggio 1944, imprigionata alle carceri Nuove di Torino, inviata a Fossoli e deportata ad Auschwitz

«Sono, ero in casa di una mia amica in via Garibaldi n° 5, quan... mentre scendevo ho trovato la ragazza sotto che mi ha preso e m'hanno portata lì in piazza... all'Albergo Nazionale... lì m'han fatto tutto l'interrogatorio, m'hanno riconosciuta anche se io dicevo di no, di lì sono passata alle carceri e poi dalle carceri sono passata a Fossoli... poi da Fossoli sono andata ad Auschwitz.»

Natalia Tedeschi viene arrestata il 28 marzo 1944 a Casteldelfino, imprigionata a Venasca e alle carceri Nuove, inviata a Fossoli e deportata ad Auschwitz

«Io e la mamma, tanto dicevano, allora, 'alle donne non capirà mai niente', siamo sfollate a Saluzzo. E lì siamo state parecchi mesi, fino a quando, il primo dicembre del '43 è venuto a trovarci mio fratello, uno dei due che erano partigiani. Siccome si sentiva già qualcosa nell'aria, abbiamo detto: 'Ma qui possiamo stare tranquilli?' 'State tranquillissime, perché qualsiasi cosa potesse capitare, ci sono i partigiani.' [...] Il due dicembre ci siamo trovate in una situazione terribile in quanto eravamo ospitate in questo albergo di Saluzzo; e io combinazione ero sotto... sono entrati due per arrestarci, sento che dicono: 'Siamo venuti per arrestare quella famiglia di ebrei'. Io, facendo finta di niente, corro su da mia madre in camera, le dico questa cosa, facciamo i nostri bagagli velocissimi. Lì c'era una porta che dava nel corridoio e una porta che dava in una porta secondaria. Siamo scappate per questa scaletta, mentre entravano per arrestarci dall'altra porta, siamo andate su da degli inquilini compiacenti che ci hanno ospitate, ma ci hanno ospitate per qualche ora, poi non vedevano l'ora che ce ne andassimo. Dove andare? Dove andare? Lo sbaglio enorme nostro è stato quello di andare su in Valvaraita, perché avevamo dei conoscenti su in valle. [...] Ad ogni modo siamo andate su in vallata, siamo state ospitate in un piccolo alberghetto dove l'albergatore non ci ha denunciato, ha detto: 'State lì tranquille, non vi muovete, nessuno sa che siete qui'. La disgrazia o la fortuna volle che sono arrivati in valle i partigiani, allora ci siamo sentite molto forti, molto protette, con i partigiani in vallata. E io ho fatto anche le mie uscite fuori. Solo che poi sono arrivati i tedeschi; cosa fare, dove andare, non potevamo scendere e siamo state su, ancora, eravamo a Sempeire, siamo andate a Casteldelfino, a Casteldelfino una guardia di finanza che ci aveva viste sia a Sempeire sia a Casteldelfino ci ha denunciate. Per duemila lire a testa ci ha vendute, duemila lire!»

«Siamo state prese lì a Casteldelfino, poi ci hanno portato giù a Venasca, siamo state nella scuola di Vena-

sca e di notte andavamo a dormire sui tavolacci proprio nelle celle dove dormivano proprio i detenuti, in prigione, insomma. Poi di lì ci hanno portate all'albergo Nazionale, qui scortate dalle SS, un mese alle Nuove e poi al campo di Fossoli... sono stata un mese qui alle Nuove e un mese al campo di Fossoli, dove ho saputo che mio fratello era stato preso, anche lui un amico lo aveva denunciato, ed era partito con il convoglio precedente.»

[I brani riportati sono tratti dalle storie di vita raccolte nell'*Archivio della Deportazione Piemontese*, conservato presso l'Istoreto]

IL CUNEESE

Alle 14 del 12 settembre 1943 i tedeschi entrano a Cuneo. Sono i soldati del III battaglione del II reggimento della divisione corazzata Waffen-SS «Leibstandarte Adolf Hitler» comandate dallo SS-Sturmbannführer Joachim Peiper, che entra nel capoluogo dopo aver disarmato le guarnigioni italiane che si trovano ad Asti, Alba, Fossano e Mondovì. Per due settimane gli ebrei cuneesi non appaiono una priorità per le forze di occupazione. Al contrario, i tedeschi s'impegnano a contrastare le aurorali forme di resistenza che si organizzano

Gli Arditi della Legione Muti sfilano a Cuneo nel 1944 in occasione di un funerale.

in provincia, anche per dare un segno inequivocabile di cosa signifchi la presenza nazista sul territorio.

Il 19 settembre un reparto comandato da Peiper mette a ferro e fuoco la cittadina di Boves, secondo una logica repressiva che affonda le sue ragioni nel modello di occupazione e di lotta contro i nemici già adottato nella guerra a Est, e che non distingue la popolazione civile dalle bande partigiane. Il risultato è di 23 civili uccisi e 350 case bruciate. La notizia attraversa rapidamente la provincia di Cuneo, suscitando un'enorme impressione e rendendo palese il significato di quella strage: è la politica del terrore, una lezione subito percepibile, diversa dalle notizie, terribili ma frammentarie e lontane, di analoghi comportamenti sui diversi fronti nei confronti dei soldati italiani. Come ha scritto Giorgio Bocca, «non si immaginavano o si immaginavano male la repressione preventiva, il terrore teorizzato, la strage a freddo, indifferente all'età e al sesso delle vittime».

Se a Cuneo gli ebrei non sentono particolarmente la pressione tedesca, il giorno prima della strage di Boves nella cittadina di Borgo San Dalmazzo è apparso un bando che ingiunge agli stranieri presenti sul territorio di

La Brigata Nera «Aldo Resega».

Gli Arditi della Legione Muti durante una messa da campo.

presentarsi all'ex caserma degli alpini, pena la fucilazione per i renitenti e per chiunque li aiuti a nascondersi. La parola «stranieri» significa in realtà «ebrei», perché all'improvviso sulla zona di Borgo San Dalmazzo si è riversato un fiume di persone dalla Francia. Sono la maggioranza dei circa mille ebrei presenti nell'autunno 1943 nella provincia di Cuneo, un numero straordinariamente più alto dei 130 residenti al momento del censimento svolto nel 1938 prima dell'emanazione della legislazione razziale. Quel migliaio di persone è composto da tre gruppi. Più di un centinaio sono ebrei piemontesi che ha rapporti di lungo periodo con la provincia. Sebbene si siano via via spostati verso la città, per lo più a Torino, hanno

mantenuto spesso una casa a Saluzzo, Mondovì, Fossano, Savigliano, dove trascorrono i periodi di vacanza o tornano a visitare i parenti. Quando i bombardamenti colpiscono i centri industriali e le condizioni di vita peggiorano – soprattutto dal punto di vista alimentare con l'introduzione del razionamento e della tessera annonaria – lo sfollamento li porta naturalmente verso luoghi più sicuri. Un secondo gruppo è formato, dal 1941, da ebrei della Jugoslavia, invasa dalle truppe italiane e tedesche (in provincia di Cuneo sono 81). Infine, la maggioranza (circa 800), provengono appunto dalla zona di occupazione italiana nella Francia meridionale.

Subito dopo l'8 settembre, a fuggire è la maggioranza degli ebrei che si trova al domicilio coatto. Nei loro paesi, specie in Jugoslavia, hanno visto come si comportano i tedeschi (e non di rado i fascisti). È ciò che fanno, per esempio, gli internati stranieri di Alba, occupata nella notte tra il 9 e il 10 settembre. Nelle stesse ore, dalla cittadina cuneese fugge anche la famiglia Debenedetti, che si rifugia in campagna. Emma Debenedetti ha ventidue anni e non si sente al sicuro: per passare in Svizzera chiede l'aiuto a padre Girotti, un sacerdote originario di Alba noto per le posizioni anticonformiste e pronto ad aiutare, che si trova a Torino presso il convento di San Domenico. Il sacerdote l'accompagna ad Arona, nelle stesse ore in cui tedeschi stanno compiendo la strage sul lago. Emma però riesce a entrare in Svizzera e a salvarsi.

I circa 800 ebrei che provengono dalla Francia meridionale sono parte di un gruppo di alcune migliaia di correligionari non francesi rifugiatisi nei dipartimenti controllati dall'esercito italiano – dov'è garantito, con un sistema chiamato di «residenze forzate» o «assegnate», un'accettabile grado di protezione a quelle persone e famiglie che ormai da molto tempo sono inseguite dai nazisti nelle diverse parti dell'Europa, e ai quali gli italiani si rifiutano di consegnarle. Sono circa mille coloro che si trovano nel paese di Saint-Martin-Vésubie. La vallata omonima è collegata al Cuneese da due valichi alpini, e quando alla notizia dell'armistizio si verifica il disfacimento della IV Armata, è quasi naturale che almeno una parte degli ebrei cerchi rifugio e protezione al di là delle Alpi. A essi si aggiungono gli ebrei che si trovano in altre valli francesi del sud o sul litorale, che vogliono sfuggire ai rastrellamenti che i tedeschi, sotto il comando di Alöis Brunner, capo della Gestapo di Nizza, stanno mettendo in atto. Tra l'8 e il 9 settembre, singoli individui, ma soprattutto nuclei familiari con vecchi e bambini, iniziano un viaggio faticosissimo e pericoloso attraverso le Alpi, che termina a mezzogiorno del 13 settembre quando i profughi raggiungono la valle Gesso, attraversando come un fiume i paesi di Entraque e Valdieri, vicino a Borgo San Dalmazzo. «Quindi era una situazione dolorosissima», ha testimoniato don Francesco Brondello, all'epoca parroco di Valdieri «e vedere ancora il paese invasato [*sic*]… proprio invasato da questi ebrei, che cercavano rifugio, non avevano niente, né coperte, niente! anche da mangiare. Una mamma per esempio, ricordo, cercava il bambino e non trovava più il bambino;

perché sui sentieri di montagna, chi cammina un po' più in fretta, chi un po' più tardi, il bambino arrivato lì nel cuore della sera, era d'autunno, quindi anche già alle otto nove di sera era buio, coprifuoco. E io ricordo che cercava 'sto bambino, poi dopo l'ha trovato.»

Il 16 settembre, su ordine di Peiper, per gli ebrei profughi è istitui-

Francesco Brondello, il viceparroco di Valdieri.

to un campo di concentramento nell'ex caserma degli alpini Principe di Piemonte a Borgo San Dalmazzo. In quei giorni, tra coloro che si consegnano dopo che i tedeschi hanno affisso un minaccioso manifesto e coloro che vengono rastrellati, ne entrano 349, che nel mese di novembre saranno deportati a Nizza, Drancy e infine ad Auschwitz.

19 SOPRAVVISSUTI SU 349

Su ordine del maggiore Joachim Peiper, il 16 settembre l'ex caserma degli alpini Principe di Piemonte a Borgo San Dalmazzo viene trasformata in campo di concentramento per raccogliere gli ebrei che hanno compiuto la lunga marcia dalla Francia meridionale per trovare rifugio in Italia. I tedeschi, che hanno già occupato tutta la zona, intimano loro di presentarsi.

È il capitano delle SS Müller a convocare il segretario comunale di Borgo e a dettargli il testo che deve apparire sul manifesto: «Entro le ore 18 di oggi tutti gli ebrei che si trovano nel territorio di Borgo San Dalmazzo o di altri comuni vicini devono presentarsi al comando germanico di Borgo San Dalmazzo, caserma degli

L'ordine del maggiore Peiper che istituisce il campo di Borgo San Dalmazzo [Archivio Istituto Storico per la Resistenza di Cuneo].

ITALIANI !

Dopo l'infame attentato contro il Duce il nuovo governo italiano, con infedeltà inqualificabile e senza precedenti, ha tradito gli alleati tedeschi. Nell'Italia meridionale alcuni reparti dell'Esercito e unità della Marina hanno persino osato rivolgere le armi contro i loro fedeli camerati tedeschi, calpestando così anche la memoria e il sacrificio di tutti i figli d'Italia caduti in questa guerra.

Le forze armate tedesche si videro quindi costrette a disarmare col loro pronto intervento le truppe italiane e a trattenere i militari italiani quali prigionieri di guerra, in appositi campi di concentramento, fino a quando sarà possibile regolare definitivamente la loro posizione. Singoli elementi isolati e resti di reparti disciolti, ciecamente istigati dalla propaganda avversaria, si sono ritirati sui monti, donde essi compiono azione terroristica contro la popolazione e si dispongono alla resistenza, rifiutandosi così di avviarsi ai campi di concentramento. Questi soldati hanno dimenticato in quale sciagura essi trascinano la stessa popolazione civile. Essi non vengono più considerati come truppe regolari, ma vivono al di fuori di ogni organismo militare regolarmente organizzato; cosicchè essi verranno annientati fino all'ultimo uomo quali bande di partigiani. La popolazione civile che accorda loro protezione, va incontro alle più severe e più dure misure repressive.

Italiani, il Duce è di nuovo al potere!

ITALIANI, il più grande figlio del vostro popolo fa appello ai vecchi fascisti, affinchè si schierino di nuovo intorno a Lui e continuando fedelmente la lotta contro l'Inghilterra, mortale nemica dei popoli, cancellino l'onta del tradimento compiuto.

ITALIANI, chi prova ancora in sè sentimenti di onore e di dignità, segua il nostro invito e si presenti immediatamente all'Autorità militare tedesca di Cuneo.

Cuneo, 16 Settembre 1943.

IL COMANDANTE DELLE TRUPPE TEDESCHE DELLA PROVINCIA DI CUNEO

Gen. PEIPER

alpini. Trascorso tale termine gli ebrei che non si saranno presentati verranno immediatamente fucilati. La stessa pena toccherà a coloro nella cui abitazione tutti gli ebrei verranno trovati». L'ufficiale rilegge il testo e fa sostituire la parola «ebrei» con «stranieri», forse perché conta sulla delazione degli abitanti della zona che non sanno riconoscere un ebreo.

Circa un terzo dei profughi si consegna: una parte viene rastrellata dalle SS, molti cercano un rifugio oppure entrano nelle formazioni partigiane. Tra questi ultimi c'è la dottoressa ebrea Bronka Halpern, che decide di rimanere in valle Stura, diventando la «dottoressa dei

Il bando del capitano delle SS Müller, che ordina agli ebrei di Borgo San Dalmazzo e dei comuni vicini di presentarsi al comando germanico, pena la fucilazione. Sotto l'ordine originale dettato a mano dal capitano, a destra la versione stampata [Archivio Istituto Storico per la Resistenza di Cuneo].

COMANDO GERMANIC

DI BORGO S. DALMAZZO

Entro le ore 18 di oggi tutti gli strani che si trovano nel territorio di Borgo S. D mazzo e dei comuni vicini devono presenta al Comando Germanico in Borgo S. Dalmaz CASERMA DEGLI ALPINI.

Trascorso tale termine tutti gli strani che non si saranno presentati verranno i mediatamente fucilati.

La stessa pena toccherà a coloro ne cui abitazione detti stranieri verranno trova

Borgo S. Dalmazzo, 18 settembre 1943.

9.

IL COMANDANTE GERMANICO DELLE S.
Capitano Müller

partigiani» e ricorda così quei giorni a Entraque e Valdieri: «Si misero, revolver alla mano, in mezzo alla piazza e fermavano gli ebrei che si erano già radunati. [...] In poco tempo, nei due paesi, furono raccolti da pochi tedeschi più di 400 ebrei. Molti si consegnarono liberamente, spaventati dalla presenza assidua di soldati tedeschi e dall'avvicinarsi dell'inverno, della neve e del gelo. Dove sarebbero andati con i vecchi e i bambini? Non conoscevano il paese, la lingua e dappertutto c'erano tedeschi. Questo logico ragionamento fu alla base del crollo del loro coraggio e di ogni volontà di lotta. Si compì così il triste destino dei profughi nel nono giorno della loro fuga». Per coloro che fuggono e si nascondono la solidarietà delle persone diventa essenziale per sopravvivere. Figure come Giuseppe Meinardi e don Viale segnano la differenza tra la vita e la morte.

A Borgo vengono internati 349 ebrei (vi si aggiungono gli ebrei di Cuneo, rastrellati ma poi inspiegabilmente rilasciati), e rimangono nel campo di transito dal 18 settembre al 21 novembre. Pur essendo un luogo sotto l'autorità nazista, il campo viene gestito e organizzato in parte dagli italiani. Una presenza che corrisponde alla volontà espressa con chiarezza in quei giorni del prefetto di Cuneo che, preoccupato dal massiccio afflusso di persone in provincia, affida la sorveglianza del campo ai carabinieri. L'amministrazione comunale

– che chiede peraltro il rimborso di parte delle spese sostenute alla Comunità ebraica di Torino – provvede invece a una parte dei bisogni del campo. Bisogni peraltro assai limitati, considerando le condizioni nelle quali gli internati sono costretti a vivere: le zecche e i topi imperversano in una situazione igienica precaria; cibo e legna scarseggiano; le persone dormono per terra su pagliericci. I tedeschi concedono però l'assistenza dall'esterno, le fughe non hanno conseguenze drammatiche, i malati sono condotti negli ospedali di Borgo o di Cuneo. Non vi è un uso sistematico della violenza come invece accadrà a Fossoli, a Bolzano o alla Risiera di San Sabba. Tuttavia, non mancano episodi gravi come la morte dell'anziano cuneese Vittorio Norzi, che trasportato il 28 settembre al carcere di Cuneo con abiti leggeri è colpito dalla polmonite, lasciato senza alcuna assistenza per una notte intera nel campo di Borgo e infine condotto in ospedale dove però muore. Oppure come uno dei due ragazzi aiutati da Giuseppe Meinardi, ai quali i tedeschi rompono un braccio. Alle 14 del 21 novembre, dopo una preparazione di diverse ore, un convoglio tra i cinque e gli otto vagoni, sui quali sono strette 329 persone, parte dalla stazione di Borgo e raggiunge in alcune ore Nizza.

Sul treno i deportati sono 20 in meno rispetto a coloro che sono stati internati, perché alcuni sono riusciti a fuggire, altri sono morti, altri ancora sono ricoverati all'ospedale di Cuneo e vengono risparmiati. La deportazione è diretta a Drancy e da lì gli ebrei, dopo un mese d'internamento, sono trasportati ad Auschwitz. Ne sopravvivono 19.

In questa pagina e alla pagina seguente: internati del campo di Borgo San Dalmazzo [Archivio Istituto Storico per la Resistenza di Cuneo].

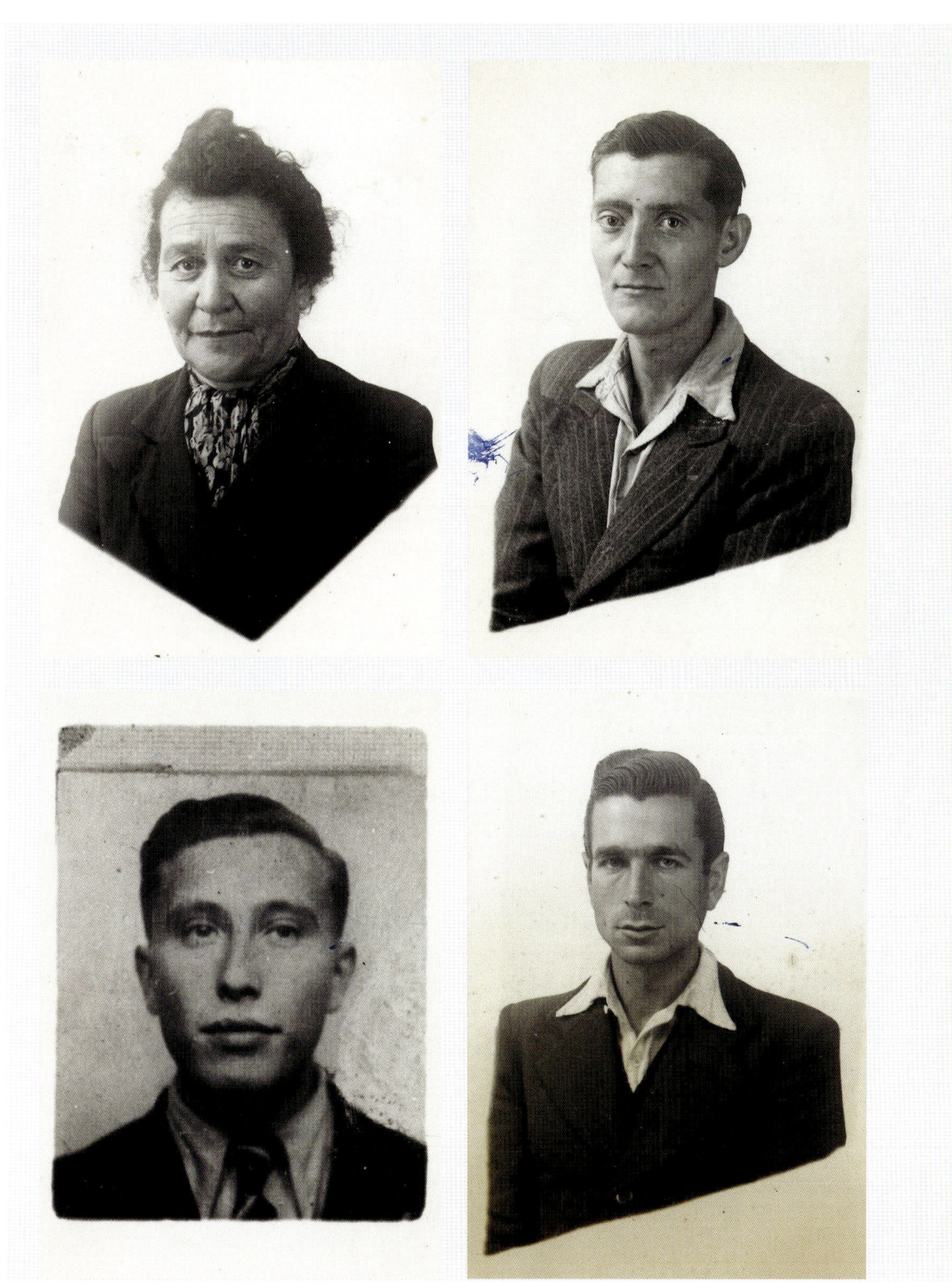

IL CAMPO DI CONCENTRAMENTO PROVINCIALE

Dal 4 dicembre 1943 al 15 febbraio 1944 il campo di Borgo San Dalmazzo torna a funzionare dopo dodici giorni di chiusura. Sono solo italiani a controllarlo e a orga-

Due immagini del campo di Borgo San Dalmazzo [Archivio Istituto Storico per la Resistenza di Cuneo].

nizzare la vita al suo interno. Diventa un campo di concentramento provinciale, così come disposto dall'ordine numero 5 del ministero dell'Interno del 30 novembre, e vi sono internati 26 ebrei, di cui 23 italiani e 3 stranieri – questi ultimi appartenenti al gruppo proveniente dalla zona di occupazione italiana nella Francia meridionale, e sfuggiti al rastrellamento precedente della Gestapo di Nizza e delle SS. interno caserma Nessuno degli ebrei internati nelle settimane precedenti fa parte di questo gruppo, a parte il casalese Ugo Jaffe, che verrà deportato ad Auschwitz e lì morirà nell'agosto 1944. Come nel campo precedente, le condizioni di vita degli internati sono difficili a causa della scarsità di cibo e del freddo;

allo stesso modo è tuttavia concessa una serie di «privilegi», come la possibilità di ricevere pacchi e visite oppure di andare nel paese scortati dal carabiniere ad acquistare generi di conforto. Quella del secondo campo di Borgo è una storia a lungo dimenticata e, come ha ricostruito Adriana Muncinelli, viene spesso confusa con la vicenda degli ebrei profughi internati a settembre. Anche il loro trasferimento ha conosciuto un analogo oblio, forse perché avvenuto all'alba del 15 febbraio (e non in pieno giorno come il precedente): i 26 ebrei sono comunque trasferiti a Fossoli, come ha ordinato il questore due giorni prima, e da qui 24 sono deportati ad Auschwitz e due a Buchenwald.

La caserma di Borgo San Dalmazzo negli anni Settanta [Archivio Istituto Storico per la Resistenza di Cuneo].

Nel campo di Borgo San Dalmazzo vengono anche internati, dal 28 settembre al 9 novembre 1943, gli ebrei cuneesi. È una vicenda per molti versi difficile da ricostruire e comprendere, soprattutto in mancanza di documentazione. Ciò che si sa è che all'alba del 28 settembre i tedeschi, con tutta probabilità appartenenti al distaccamento della Gestapo di Brunner, arrestano tutti gli ebrei di Cuneo e, dopo averli rinchiusi per qualche ora nel carcere di via Leutrum, li conducono al campo di Borgo San Dalmazzo. Sono 30, a cui si aggiungono due sfollati da Torino, i coniugi Bassi, e tre non ebrei trovati nelle abitazioni rastrellate, tra cui Arnaldo Branda che ospita a casa sua la signorina Foa. Tra di loro ci sono il commerciante di tessuti Giuseppe Cavaglion, che fino al 1938 ha avuto un negozio in via Roma, la moglie Evelina Debenedetti e la figlia ventenne Miranda. I due figli maschi, Enzo e Riccardo, sono invece tra i primi, già il 12 settembre, ad andare in montagna e a contribuire a formare le prime bande partigiane di Italia Libera. Anche i tre Lattes vengono arrestati: Isaia è un orefice e orologiaio che fino all'emanazione delle leggi razziali ha gestito con la moglie Eleonora un negozio in piazza Vittorio Emanuele; hanno due figli, Laura, di 34 anni, arrestata con i genitori, e Marco, che aiuta il padre nell'azienda e riesce a sfuggire alla cattura. Un'altra famiglia finisce nel rastrellamento tedesco: Attilio, Esterina e Clotilde Segre. Lui è proprietario di un negozio di stoffe nel centro di Cuneo e nel 1938 è costretto a mettere un proprio dipendente come contitolare e a cedergli metà dell'azienda. Poco tempo dopo, Attilio viene colpito da un ictus e la moglie Ester Sacerdote si dedica a curarlo, mentre il figlio sostituisce il padre nella ditta e Clotilde è costretta ad abbandonare gli studi per dare anche lei un aiuto in casa. La notizia dell'arresto dei 30 ebrei cuneesi si diffonde rapidamente e consente alla maggior parte dei correligionari italiani e stranieri – presenti a Saluzzo, Mondovì e Fossano – di mettersi in salvo o perlomeno di allontanarsi cercando vie di fuga o nascondigli provvisori. Gli ebrei sono rilasciati dal campo di Borgo il 28 ottobre, i non ebrei il 9 novembre. La ragione più probabile è che il loro arresto e deportazione non rientrino tra i compiti affidati alla Gestapo di Nizza, incaricata al contrario di occuparsi degli ebrei provenienti dalla Francia. Comportamento curioso nella logica sterminazionista dei nazisti, inquadrabile tuttavia in una dimensione di ordine e rigida divisione dei compiti.

Borgo San Dalmazzo è dunque uno dei quattro campi di concentramento e di transito italiani (insieme a Fossoli, Bolzano e la Risiera di San Sabba) da cui partono i trasporti verso i Lager nazisti, sebbene funzioni una sola volta e poi venga chiuso. In realtà, con una funzione solo in parte diversa il campo riapre pochi giorni dopo la deportazione del 21 novembre, e funziona come campo di concentramento provinciale per gli ebrei e il sequestro dei loro beni. Funziona in questa dimensione per poco più di due mesi. I suoi 26 internati vengono alla fine trasferiti a Fossoli e deportati ad Auschwitz e Buchenwald. Le prime due internate sono Annetta Levi e Adele Segre, il 2 dicembre. Sono di Saluzzo: il giorno prima proprio lì è iniziata la caccia all'ebreo. Nelle prime ore della mattina, il commissariato di pubblica sicurezza invia due vicebrigadieri e altrettante guardie municipali, divise in due mini squadre, a rastrellare in tutti gli alberghi e le case gli ebrei presenti in città. I rastrellatori hanno subito poca fortuna, ma con il passare dei giorni il cerchio si stringe intorno a coloro che si sono nascosti. E Saluzzo diventa una delle comunità italiane che paga in percentuale il prezzo più alto alla volontà genocidiaria nazista e dei suoi complici fascisti: su 42 ebrei indicati nei registri della Comunità nel 1943, ben 29 sono catturati e deportati. Gli arresti si dipanano tra dicembre e gennaio.

Il 5 dicembre viene invece presa a Mondovì la professoressa Delfina Ortona, fascista convinta, che dopo la retata del 28 settembre si è rifiutata di scappare, convinta che la sua fede, il suo attivismo passato e l'aver adottato due orfani fiumani (uno dei quali peraltro ha aderito alla Repubblica Sociale) la mettano al riparo. Il gruppo di saluzzesi più consistente entra a Borgo il 24 gennaio 1944: sono 9 ebrei, ma 2 sono di Casale, le sorelle Alda e Angela Levi, arrestate a Barge. Sono quasi tutte donne anche gli altri sette: Gemma Levi, le figlie Regine ed Eleonora e il figlio Elia; Carmen Lattes e le cognate Decima e Anna. La mattina sono andate spontaneamente alla stazione ferroviaria di Saluzzo dopo che, il giorno prima, il commissario di pubblica sicurezza Bicchi ha convocato alcuni capifamiglia israeliti di Saluzzo, forse per avvertirli che la situazione sta peggiorando e che la cosa migliore da fare è che le donne si facciano internare a Borgo e gli uomini si presentino al lavoro coatto. Forse pensa che la guerra sarà breve e che quella sistemazione per le donne può rappresentare una garanzia di tranquillità. Difficile dirlo, ma così avviene.

Saluzzo: le pietre della memoria dedicate a Decima Lattes e Carmen Segre Lattes, entrambe uccise ad Auschwitz.

Gli uomini entrano a lavorare alla Todt per realizzare l'aeroporto della Grangia, tra Saluzzo e Savigliano, e i tedeschi sembrano disinteressarsene. Alla fine del mese decidono invece di rastrellare anche i maschi: alcuni fuggono, altri incautamente attendono gli eventi, come l'autista Lelio Levi, il cui fratello Isacco sale invece in val Varaita a combattere nelle nascenti formazioni garibaldine, e mantiene come nome di battaglia il proprio, segno di un'identità rivendicata.

Altri 28 ebrei cuneesi sono arrestati nei mesi successivi, detenuti in carceri locali o in caserme, inviati alle Nuove di Torino e di qui a Fossoli dove conoscono la sorte dei loro correligionari, ossia deportati «per ignota destinazione». A sopravvivere sono in sette. La famiglia Balog (Adalberto, la moglie Margherita Asteggiano, non ebrea, e la figlia Maura) sono arrestati il 28 febbraio in val Varaita, a Casteldelfino, lo stesso paese dove due mesi dopo vengono catturate Natalia Tedeschi, la madre Bice Sacerdote e la nonna Celestina Muggia. Il gruppo più consistente viene preso dai tedeschi a Saluzzo il 24 aprile tra l'istituto Tapparelli, dove sono ospitati alcuni degli ebrei più anziani e malati, e altri luoghi della cittadina. Ad Alba si compie invece il destino della famiglia Molho: Giovanni, originario di Salonicco, la moglie Rosa Nahoum, nata a Istanbul, i figli Aldo e Renata (di quindici e sette anni) sono arrestati nella loro abitazione, che in seguito il podestà mette a disposizione per i sinistrati dai bombardamenti o per i poveri, in realtà consentendo che i loro beni vengano asportati e consegnati a un cappellano. Rosa e i figli sopravvivono, il padre muore a Bergen-Belsen il 3 aprile 1945.

LA RAZZIA ALL'ISTITUTO TAPPARELLI

L'istituto Tapparelli è una casa di riposo sulla strada che da Saluzzo va a Cuneo. All'inizio del 1944, una delle ali dell'edificio è stata requisita da tedeschi e fascisti, che la utilizzano come infermeria. Eppure non è una faccenda che preoccupa i pochi ebrei, anziani e malati, che sono rimasti a Saluzzo e sono convinti che, nelle loro condizioni, non interessano più a

Saluzzo: la pietra della memoria dedicata a Lea Diena, uccisa ad Auschwitz.

nessuno. Sono in quattro a trasferirsi nella casa di riposo tra gennaio e aprile: Moise David Segre, ragioniere in pensione, con la moglie Emma; Marco Levi, tranviere, anche lui pensionato; l'avvocato Emanuele Sionne Segre. Dal 1943 sono già ospiti della Tapparelli Vittoria Segre, che nel mese di giugno è sfollata da Torino, e Anna Segre Debenedetti. Trascorrono un'esistenza tranquilla, passeggiando e chiacchierando, fino al 24 aprile. Alle 10 un reparto delle SS entra a Saluzzo con cinque camion militari: il primo si ferma davanti all'albergo Corona Grossa e un milite chiede dove si trova l'ospedale. Un postino glielo indica a gesti, ma quando i tedeschi vi entrano vengono a sapere che gli anziani ebrei si sono trasferiti al Tapparelli. Vi arrivano alle 12 con un elenco delle persone da arrestare. Concedono un'ora di tempo per preparare le valigie e alle 13 costringono a salire sul camion i coniugi Segre (ma Moise fatica perché è quasi cieco), l'avvocato Segre e Levi, che sono in grado di camminare. Vittoria Segre viene nascosta da una suora e si salva, Anna Debenedetti è lasciata agonizzante nel suo letto, dove si spegne la mattina dopo. La razzia riguarda tutta Saluzzo, e mentre una parte dei nazisti si occupa del Tapparelli altri rastrellano le abitazioni. Vanno a colpo sicuro e catturano Marco Segre, Anna Segre Levi, Felice Levi, Cesare e Angiolina Valobra, Lea Diena.

Altri si salvano perché non sono in casa quando i tedeschi si presentano o per altre circostanze fortunate. Sono tutti condotti alle carceri Nuove di Torino, dove incontrano e dividono le celle con i saluzzesi arrestati il mese prima in val Varaita, tra cui Natalia Tedeschi, che sarà l'unica di tutto il gruppo a salvarsi. Da Torino sono infatti condotti a Fossoli, e da qui deportati ad Auschwitz il 16 maggio.

GLI SCHIFFER

Per Alessandro Schiffer il Cuneese è un destino: nato in Ungheria nel 1897, durante la prima guerra mondiale viene internato a Fossano e inviato a lavorare in una cartiera a Verzuolo dove, finito il conflitto, decide di fermarsi. Nel 1927 sposa Firmina Boero, con la quale ha quattro figli: Edmondo, Davide, Umberto e Anna Maria. Negli anni Trenta, insieme al fratello si trasferisce a Procida per migliorare la sua condizione economica, ma le leggi razziali cambiano tutto e Alessandro perde la cittadinanza italiana, ottenuta dopo il 1919. Dopo lunghe peripezie, nel 1941 si trasferisce con la famiglia a Madonna dell'Olmo. Non ha ancora compiuto quarantasette anni quando, nel febbraio 1944, i carabinieri vanno ad arrestarlo.

Il figlio Davide, che all'epoca dei fatti ha sedici anni, scriverà nelle sue memorie: «Quante volte mi sono pentito nella mia vita di essere un bravo ragazzo, di sani principi, rispettoso del prossimo e del pensiero altrui, contrario alla violenza, quante volte mi sono odiato perché in quel momento non mi è venuto in mente di ammazzare il carabiniere con una pietra, un bastone o di strangolarlo insieme a mio fratello Ede. Mi sono lasciato portar via il padre, come un imbecille, uno stupido. Anche se non potevo nemmeno lontanamente immaginare quale sarebbe stata la sua sorte, avevo il dovere di fare qualcosa per lui e non l'ho fatta».

La sorte di Alessandro passa da Borgo San Dalmazzo, dove viene rinchiuso con altri 25 ebrei. Passano dieci giorni e viene inviato a Fossoli, dove trascorre sei mesi. Il 1° agosto è trasferito a Gries e poi il 24 ottobre ad Auschwitz, dove muore. Quando Alessandro viene arrestato, la sua casa viene presa di mira dalla milizia fascista di Cuneo, che si mette a sparare davanti all'abitazione e a spaventare Firmina e i figli. I due più grandi, Edmondo e Davide, decidono allora di raggiungere in val Maira le formazioni partigiane. La madre rimane sola con i più piccoli: il proprietario di casa li nasconde e in seguito raggiungono Edmondo e Davide, restando tra i partigiani fino alla fine della guerra.

CAPITOLO 3

L'ASTIGIANO

«In compatta schiera, a capo nudo, i capelli biondi e fini»: così le SS appaiono ad Aldo Zargani, che nel 1943 ha dieci anni, mentre marciano nelle strade di Asti cantando *Horst Wiessel Lied*. Hanno occhi di ghiaccio, aggiunge, fissi sulla bandiera rossa con la croce uncinata. È la fine di settembre, i tedeschi sono già arrivati da alcune settimane. Per la precisione, le truppe germaniche entrano ad Asti nel pomeriggio del 10 settembre senza trovare alcuna resistenza. I militari italiani sono concentrati in due caserme, mentre i carri armati tedeschi circolano minacciosi per la città. Il comando militare (la Militärkommandantur 14, comprendente le province di Asti e Alessandria, con sede in quest'ultima) s'insedia il 13 ottobre, può contare su circa 250 uomini e poco tempo dopo lascia i compiti operativi alla questura della neonata Repubblica Sociale. Ma quel 10 settembre il ventottenne Augusto Segre intuisce il pericolo e, inforcata la bicicletta, attraversa di corsa il vecchio ghetto per avvertire tutti. Nessuno però tiene in considerazione le sue parole e i suoi timori, anzi gli danno del matto perché «siamo in Italia», gli dicono, e «qui certe cose non accadono».

È un'antica comunità quella di Asti, e la sua presenza è registrata dal IX secolo. Tra i molti protagonisti della storia cittadina, sono soprattutto due Artom a essere ricordati: Alessandro, inventore del

Ritratto di Emanuele Artom.

radiogoniometro, e Isacco, segretario particolare di Cavour a partire dal 1858. Di quei fasti però nulla rimane dopo il 1938, quando la storia ebraica deve essere cancellata da quella nazionale.

Un ritratto della famiglia Jona prima delle leggi razziali [Fondo Famiglia Jona – Archivio Israt].

Maria Debenedetti ha dieci anni e frequenta la scuola elementare ad Asti: «Faticavamo a comprendere le leggi razziali perché la nostra comunità era perfettamente integrata da decenni. Ci sentivamo prima di tutto italiani». Paradossalmente, però, negli anni successivi la presenza ebraica in provincia cresce in modo sensibile: dal 1941 vengono internati circa 400 ebrei stranieri, la maggior parte dei quali proviene dai territori della Jugoslavia invasa in parte dall'esercito italiano.

La debole Repubblica Sociale impone la sua presenza anche ad Asti e la locale federazione si forma alla fine di settembre. Ha scarse adesioni, specie nelle campagne dove il rifiuto della guerra e l'aiuto nei confronti dei renitenti prima e dei partigiani in seguito rimangono costanti nel corso dei venti mesi (molti ebrei stranieri che non verranno trasferiti nel campo di concentramento di Ferramonti, in Calabria, troveranno asilo nelle cascine). Vero deus ex machina del fascismo locale è il capo della Provincia Renato Celio, giovanissimo prefetto (nel 1943 ha 39 anni) che s'insedia ad Asti all'inizio di ottobre e resta in città fino al giugno 1944, quando viene trasferito a Como. Celio ha fin da subito un quadro preciso della presenza ebraica nella provin-

Ritratto di famiglia dei De Benedetti [Fondo Famiglia De Benedetti – Archivio Israt].

cia perché, oltre ad avere a disposizione i risultati del censimento ebraico del 1938, la questura si è fatta immediatamente consegnare dai carabinieri i molti fascicoli relativi agli ebrei astigiani. È lui, insieme ai tedeschi, a guidare le prime operazioni di rastrellamento e di arresto degli ebrei, quando giunge l'ordine di polizia numero 5 del 30 novembre 1943 del ministero dell'Interno, che ordina l'arresto, l'internamento e il sequestro dei beni per gli ebrei. Il primo atto è l'organizzazione del campo di concentramento provinciale nei locali del seminario vescovile, sebbene nei primi giorni di arresti i prigionieri siano distribuiti anche presso l'orfanotrofio femminile e in un pensionato di suore.

I primi 18 ebrei sono arrestati il 1° dicembre 1943 e tra di loro c'è anche un bambino di sette anni, Guido Foa. I fascisti hanno un elenco di 50 persone e il questore sottolinea sistematicamente con la penna rossa i nomi di coloro che vengono presi, con quella blu quelli di coloro che sono sfuggiti all'arresto. Ma un certo numero rimane senza sottolineatura: sono i 10 ebrei che nei giorni successivi sono rilasciati per ragioni di salute o, come si legge nei documenti, per «ordini superiori». Sono inviati agli arresti domiciliari: un eufemismo dato che le loro case sono state sequestrate e attribuite ad «ariani», e loro sono costretti a stabilirsi da amici o parenti. Difficile comprendere la ragione della loro temporanea liberazione, forse dipendente da una vicenda che in quei giorni mette in subbuglio la comunità ebraica, cioè la richiesta di una vera e propria taglia di un milione – alla fine verranno raccolte e consegnate 220.000 lire – richiesta da Celio per garantire «protezione». È un metodo già applicato dai tedeschi a Roma prima di dare il via alla razzia del ghetto il 16 ottobre 1943, ed è simile al comportamento del prefetto di Ancona che, nello stesso periodo, richiede 400.000 lire agli ebrei, tentativo fallito perché la comunità locale ha nel frattempo chiuso e non ci sono più interlocutori.

LA TAGLIA

Dopo i primi arresti di ebrei compiuti dagli agenti della questura, il capo della Provincia Renato Celio convoca nel suo ufficio il rabbino Alessandro Segre e l'avvocato Riccardo Momigliano, responsabile della Comunità ebraica di Alessandria per la sezione di Asti. La richiesta è chiara e immediata: se vogliono la sua protezione dai tedeschi e la garanzia della libertà, gli ebrei astigiani devono versargli entro tre giorni la somma di un milione di lire. La vicenda era nota, ma oggi è stata ricostruita nei dettagli dagli storici Nicoletta Fasano e Mario Renosio grazie alle carte del processo a cui Celio viene sottoposto, alla fine della guerra, dalla Corte Straordinaria d'Assise di Torino per collaborazionismo e reati connessi a un uso illegittimo dei beni sequestrati e del denaro pubblico.

Al discorso del prefetto, i rappresentanti della Comunità non sanno come rispondere, perché sono sicuri che è impossibile raccogliere ad Asti tutto quel denaro. Prendono tempo e ottengono una ri-

Il capo della Provincia Renato Celio [Archivio Israt].

duzione a 500.000 lire, poi una successiva a 300.000. Nondimeno, gli ebrei astigiani non possiedono quelle risorse. Sono in molti a contribuire, e tra questi Maria Artom, Aurelio e Camillo Debenedetti, Israel Debenedetti, Camillo Foa, Oreste Foa, Guido Levi, Camillo Luzzati, i fratelli Luzzati, Eugenio Montalcini, i fratelli Montalcini, Mario e Aldo Momigliano, Riccardo Momigliano, Rosa Sacerdote, Vittorio Segre, Sara Treves. Si raggiunge la cifra di 220.000 lire, consegnate (e registrate dalla prefettura sotto la voce «beneficienza») a Celio, sebbene questi insista affinché sia raggiunta la cifra pattuita. Nel processo – alla fine sarà condannato a tredici anni, ma assolto dall'accusa di estorsione ai danni della Comunità ebraica astigiana – Celio si difende sostenendo che si è trattato di una richiesta del ministero per coprire le spese dell'assistenza pubblica, e che la sua moderazione nei confronti degli ebrei sarebbe stata la dimostrazione dello scarso rigore attuato nelle forme di concentramento.

In realtà, come dimostrano casi analoghi nello stesso periodo, l'abitudine, di lunga tradizione, di chiedere agli ebrei di pagare per la propria tranquillità viene applicata da tedeschi e fascisti.

La razzia dei beni ebraici costituisce infatti un aspetto non secondario di un processo di persecuzione che conduce ad Auschwitz, e l'unica sopravvissuta astigiana su 50 deportati rappresenta la pietra tombale della sentenza che nel 1945 assolve il prefetto Celio.

Con tutta probabilità, gli arresti in questi mesi sono compiuti solo da agenti della questura. Sono in due all'inizio, e percorrono le strade di Asti guidando una Balilla nera. Le carte di polizia raccontano che le due guardie catturano Ottavio Segre nel centro della città la mattina del 7 dicembre, mentre i suoi concittadini passeggiano tranquilli. Nessuno protesta per ciò che sta avvenendo e che molti possono osservare; lo fa invece un fascista convinto, Emilio Ristagno, squadrista di lunga data che però nel 1933 ha sposato un'ebrea, discriminata nel 1938 e madre di due figli, battezzati e riconosciuti ariani. Ristagno non è contro la legislazione razziale, anzi è convinto che gli ebrei debbano essere separati dagli italiani perché sono stranieri e pericolosi. Ma la moglie no: ha sposato lui, è una cittadina italiana e non è più ebrea. La vedono così anche le autorità, che bloccano ogni provvedimento contro la sua famiglia.

Nel complesso, le forze di polizia si dichiarano soddisfatte del «lavoro» compiuto nel mese di dicembre: una ventina di ebrei astigiani arrestati e altrettanti ebrei stranieri individuati e condotti nel seminario vescovile. Tra dicembre e gennaio, forse anche in virtù della taglia ottenuta da Celio e perché l'organizzazione rimane ancora in mano ai fascisti, per gli ebrei astigiani esistono ancora alcuni margini di manovra, compresa la fuga dal campo di concentramento provinciale di uno degli internati la sera del 27 gennaio 1944. Una fuga che ha come conseguenza, dal giorno dopo, un aumento della sorveglianza e l'appello serale su ordine del questore, una sorta di sinistra prefigurazione di ciò che accadrà nel Lager. Sempre nel mese di dicembre, uomini della Guardia Nazionale Repubblicana e polizia iniziano a rastrellare gli ebrei nei paesi della provincia.

Le autorità fasciste agiscono quindi con sistematicità, ponendo particolare attenzione ad arrestare tutti i soggetti più deboli – dalle donne agli anziani, dalle persone malate e ricoverate ai bambini – ma non sembrano impegnarsi a fondo per trovare gli uomini, che si nascondono per primi. Non è una forma di aiuto, ma il riflesso di un ordine sociale che prefetto, questore e federale vogliono rappresentare, insieme a qualche tornaconto personale, magari sperando di conquistarsi benemerenze dopo la possibile sconfitta della Repubblica Sociale. La taglia sulla comunità ne è un evidente segno, a cui si accompagnano le razzie compiute dagli agenti nelle case degli ebrei arrestati, dove spariscono beni di valore e oggetti di consumo. E quando nel gennaio 1944 la Repubblica Sociale emana il decreto sull'Egeli e sul sequestro dei beni ebraici, il capo della Provincia chiede agli istituti di credito di bloccare immediatamente i depositi per dare il via subito dopo alla confisca. Cordiali sono i rapporti di collaborazione con i tedeschi, ai quali d'altra parte i fascisti dimostrano con il loro zelo di essere fidati alleati nella caccia all'ebreo. A vincere, come per molti altri italiani, è l'accettazione dell'esistente, senza farsi troppe domande e cercando di capire dove soffia il vento.

Il primo ebreo astigiano a essere deportato sembrerebbe essere Luigi Jona, un notaio, detenuto nel carcere milanese di San Vittore e inviato ad Auschwitz il 6 dicembre 1943. Sempre dal capoluogo lombardo partono per la stessa destinazione altri 13 suoi correligionari astigiani il 30 gennaio 1944. È la deportazione nella quale confluisce una parte consistente degli ebrei internati nei campi di concentramento provinciali.

Enrica ed Elda Jona nel 1936 a Costigliole d'Asti [Fondo Famiglia Jona – Archivio Israt].

IL SEMINARIO

Le origini del seminario vescovile di Asti, che si erge nell'omonima piazzetta del Seminario, risalgono alla seconda metà del XVI secolo, ma l'attuale struttura viene realizzata tra il 1762 e il 1775 su progetto di Benedetto Alfieri, architetto del re Carlo Emanuele III, ampliando l'edificio precedente in ragione dell'aumento dei chierici che lo frequentano.

Il seminario viene utilizzato dal 1° dicembre 1943 al 28 febbraio 1944 come campo di concentramento provinciale, secondo quando stabilito dall'ordine

Il seminario vescovile di Asti.

numero 5 del ministero dell'Interno. Nei suoi ampi locali, che danno su via Cattedrale, vengono raccolti gli ebrei i quali, nelle prime settimane, possono godere di sufficiente libertà di movimento e scarso controllo, come dimostra la fuga di uno di loro.

Il controllo degli internati è affidato a uomini della questura che consegnano gli ebrei agli occupanti oppure, come in un caso, li trasferiscono nel campo di concentramento e transito di Fossoli. I tedeschi prendono possesso dell'edificio solo nell'aprile 1944 e vi costruiscono camere per la difesa e il pronto soccorso in caso di attacco con gas asfissianti.

Nei giorni successivi entra in funzione il campo di concentramento e di transito di Fossoli e sette ebrei astigiani partono da lì il 22 febbraio 1944 per giungere ad Auschwitz quattro giorni dopo. Non sono stati consegnati ai tedeschi, sono sei agenti di pubblica sicurezza e un ufficiale ad accompagnarli nella serata del 17 febbraio alla stazione di Asti utilizzando un torpedone e poi con il treno fino a Fossoli. Per loro sono stati preparati due carri bestiame e le Ferrovie chiedono che il biglietto venga regolarmente pagato dall'amministrazione statale. Il treno parte solo nella notte,

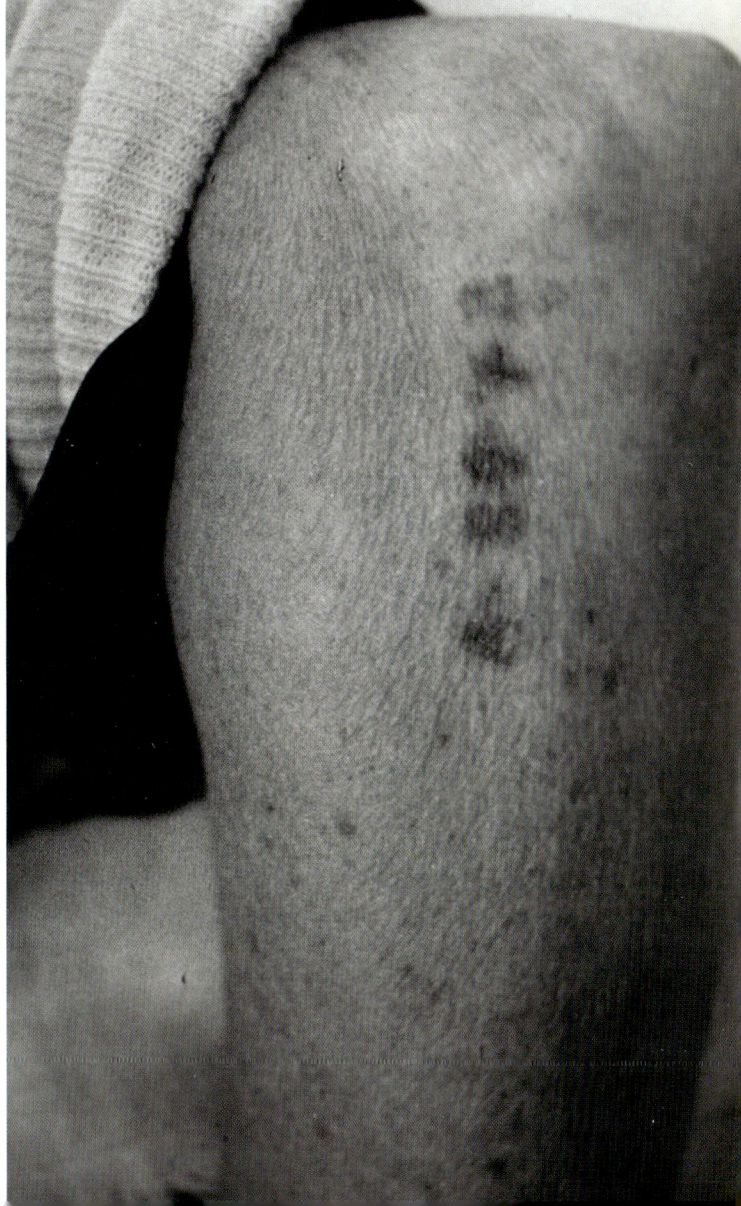

Asti, 1996: Enrica Jona mostra il suo numero di matricola tatuato sul braccio [Fondo Famiglia Jona – Archivio Israt].

alle 3.30, per non dare nell'occhio. Nel frattempo, il 28 febbraio, viene sciolto il campo provinciale e da questo momento gli ebrei sono inviati alle carceri Nuove di Torino. È il destino dei 19 ebrei astigiani consegnati ai tedeschi il 24 maggio, ai quali se ne aggiungeranno altri tre qualche giorno dopo, e che verranno deportati da Verona il 2 agosto. Nel gruppo vi sono Ezechia Leopoldo Jona e Olga Levi, i genitori di Enrica, l'unica ebrea astigiana che sopravviverà alla deportazione (lei però parte da Fossoli il 26 giugno). Nel complesso, sono 50 gli ebrei deportati dalla provincia di Asti.

Leopoldo Jona: deportato ad Auschwitz il 2 agosto 1944, è ucciso all'arrivo [Fondo Famiglia Jona – Archivio Israt].

A lato: Olga Levi in Jona: deportata ad Auschwitz il 2 agosto 1944, è uccisa all'arrivo [Fondo Famiglia Jona – Archivio Israt].

Sotto: i fratelli Jona: Donato, Elda ed Enrica, e sotto i più piccoli Laura e Lino [Fondo Famiglia Jona – Archivio Israt].

«L'EBBREVOLA» ENRICA JONA

Enrica Jona a Ravensbrück nel 1959, in occasione dell'inaugurazione del monumento alla donna deportata [Fondo Famiglia Jona – Archivio Israt].

Dei 45 deportati ebrei che da Asti vengono inviati ad Auschwitz ritornano solo i coniugi Teodoro e Liselotte Rozay, due dei molti stranieri internati nel capoluogo dal 1942, ed Enrica Jona. Prima di cinque figli, Enrica nasce l'11 febbraio 1910. Dopo la laurea insegna al liceo per quattro anni, prima che le leggi razziali la costringano ad abbandonare il lavoro. Da quel momento la condizione della famiglia Jona peggiora progressivamente: il padre, commerciante di stoffe, fatica a lavorare e così il fratello Donato, che è avvocato, mentre l'altro fratello Lino non può proseguire gli studi e la sorella Elda perde anche lei l'impiego. Enrica viene arrestata dai tedeschi una prima volta il 1° dicembre 1943 e condotta al seminario vescovile di Asti. Vi rimane per 18 giorni poi viene rilasciata, dovendosi però considerare internata e quindi senza potersi allontanare dalla sua residenza. Un secondo e definitivo arresto avviene il 24 maggio 1944: fascisti e tedeschi irrompono in casa, la portano via e, insieme ad altri 18 ebrei, è condotta alle carceri Nuove di Torino, non prima di aver attraversato la città, insieme alla lunga colonna di correligionari. Uno spettacolo che impressiona la popolazione, silenziosa a quel passaggio. Le due sorelle Elda e Laura riescono a fuggire, e con loro uno dei fratelli (l'altro è in montagna con i partigiani), nascondendosi a Moncalvo in casa di contadini. I genitori Ezechia Leopoldo e Olga Levi sono arrestati tre giorni dopo, imprigionati nelle carceri di Torino e Milano; partono da Verona il 2 agosto 1944, destinazione Auschwitz, dove vengono uccisi all'arrivo. Anche Enrica viene imprigionata a Torino e Milano, poi però viene trasferita al campo di transito di Fossoli e di lì deportata ad Auschwitz il 26 giugno 1944.

«Quando sono partita da Torino per Fossoli», racconta in una sua testimonianza, «come sono salita sul treno mi sono messa a piangere, ho pianto fino all'arrivo, ho pianto. C'erano dei carabinieri che ci sorvegliavano, c'era un giovane carabiniere… dovevo fargli tanta pena… lui non sapeva neanche che cosa fossero gli ebrei probabilmente… Gli dissi 'Faccia il piacere, scriva a questo indirizzo, è dell'amico di mio fratello di Asti, gli dica che vado a Fossoli'. E questo amico, l'ho poi saputo dopo, ricevette questo biglietto: 'L'ebbrevola che voi conoscete è stata portata a Fossoli'. *L'ebbrevola*, chissà questa parola da dove arriva.» Il 17 gennaio 1945 partecipa alla marcia di evacuazione che dal lager polacco la conduce prima a Ravensbrück e in seguito a Neustadt-Glewe, dove viene liberata il 2 maggio 1945.

CAPITOLO 4

L'ALESSANDRINO

È il 2 ottobre 1943 quando *Il popolo di Alessandria* pubblica in prima pagina un trafiletto dal titolo *Gli ebrei*, in cui li accusa di aver fatto gran festa il 25 luglio per la caduta del regime: a Roma avrebbero distrutto le sedi dei gruppi rionali e distribuito denaro ai passanti. Ma se pensano di aver fatto un affare – minaccia il giornale – hanno fatto male i conti, e limitarsi ad attendere che arrivino «i loro compari anglosassoni» non sarà sufficiente. *Il popolo di Alessandria* è un giornale locale, che conosce tuttavia una grande diffusione durante la Repubblica Sociale, fino a giungere a una tiratura di 270.000 copie quotidiane. I suoi sono articoli aggressivi e di forte impronta antisemita. Cinque giorni dopo ne pubblica uno dal titolo *Basta con gli ebrei*, in cui spiega che il regime è stato troppo morbido e ingenuo, ha realizzato contro di loro una campagna da dilettanti, ben lontana da quella sostenuta dal regime nazista. E conclude: «Perciò ora basta! La campagna contro di loro sia condotta *radicalmente!*» Il giornale aggiunge – e lo farà anche in articoli successivi, anti-

Una prima pagina de Il popolo di Alessandria.

cipando l'ordine che gli ebrei devono essere internati e sequestrati i loro beni. È una rabbia che appare anche come riflesso delle difficoltà per la nascente Repubblica Sociale, il cui scarso consenso viene spesso attribuito dai gerarchi all'iffuenza antifascista degli ebrei. E accade anche a Casale Monferrato, dove il giornale locale *Lavoro casalese* non è meno violento nell'attaccare gli ebrei e nel sottolineare quale pericolo rappresentino: «Un popolo senza patria», scrive in una relazione a Salò Mario Guaschino, un convinto fascista casalese, «e solo per questo dedicano ogni loro sforzo ed attività per la rovina di ogni nazione del mondo», riportando anche lui la richiesta che siano internati.

Il fascismo alessandrino ha già mostrato un particolare zelo al momento della campagna razziale nel 1938 attivandosi con grande impegno nel censimento degli ebrei, per il quale l'amministrazione comunale ha incentivato gli impiegati a lavorare durante l'estate per raggiungere l'importante obiettivo. I giornali locali sono in prima fila nella campagna antisemita che appunta i suoi strali, prima di tutto, sulla presunta eccessiva presenza degli ebrei nell'istruzione. Maestri e professori di scuola superiore vengono cacciati nel settembre 1938: sono otto ad Alessandria e, obbligati a lasciare l'insegnamento, iniziano a vendere enciclopedie, fanno lezioni private, s'impiegano in uffici di conoscenti e amici, s'industriano come traduttori senza peraltro apparire in alcun modo. Con loro, 10 bambini ad Alessandria e 15 a Casale spariscono nel silenzio più assoluto di dirigenti, insegnanti, compagni. Nei registri, poche e fredde parole non riescono a nascondere le tragedie individuali, come quella di Laura Vitale, che ha solo dieci anni, va benissimo in tutte le materie ma da un giorno all'altro viene ritirata per «continuare l'insegnamento a cura della famiglia».

Secondo i dati del censimento ebraico del 1938 sono 31 ad Acqui, 222 ad Alessandria, 105 a Casale Monferrato, 17 a Novi, 9 a Valenza. Durante la guerra, però, le loro presenze si assottigliano e già nel 1941 se ne contano 171 nel capoluogo, rimanendo solo una quindicina dopo l'8 settembre, persone malate o troppo anziane per fuggire. D'altra parte, è una comunità che ha una lunghissima e consolidata tradizione, tra le più antiche del Piemonte e con una presenza attestata a partire dal Quattrocento. Ed è a Casale che dal 1874 viene

Sopra: il generale Gustav-Adolf von Zangen [Bundesarchiv].

A sinistra: il generale Von Zangen con Albert Speer [Bundesarchiv].

Sotto: la Brigata Nera «Attilio Prato», formatasi ad Alessandria nel luglio del 1944.

pubblicato *Il Vessillo Israelitico* – fondato a Vercelli da Giuseppe Levi con il titolo *L'Educatore Israelita* nel 1853 – diretto dal rabbino Flaminio Servi. Il periodico viene pubblicato per circa cinquant'anni (cessa l'attività nel 1922) ed è il più diffuso nell'Italia ebraica a cavallo dei due secoli, strumento di una rappresentazione dell'ebraismo italiano integrato e progressivamente sempre più secolarizzato.

La lunga fase della «persecuzione dei diritti» ha indebolito gli ebrei alessandrini, le loro risorse psicologiche e materiali, e d'altra parte quando inizia la «persecuzione delle vite» il fascismo alessandrino mostra un particolare accanimento nel cercarli casa per casa e arrestarli. Vista la vicinanza con la costa ligure dove ci si attende un possibile sbarco alleato, l'Alessandrino è anche una zona alla quale i comandi tedeschi sono assai attenti. Per questo, ancor prima dell'8 settembre, vi si stabilisce il LXXXVII Corpo d'armata tedesco, il cui quartier generale viene posto ad Acqui Terme. Le truppe – che hanno conosciuto la disfatta del fronte orientale a Stalingrado – sono guidate dal generale Von Zangen e in soli due giorni occupano Ovada, Novi, Tortona, Alessandria, Valenza Po, Casale. Sono comunque gli squadristi della «Silenziosa» e i militi della Brigata Nera «Attilio Prato» a compiere i rastrellamenti di ebrei ad Alessandria. Dopo la feroce campagna stampa delle settimane precedenti, alla fine di novembre nel capoluogo sono catturati i primi cinque ebrei.

Sono catturati, appunto, i pochissimi che, pur conoscendo la rabbiosa volontà di vendetta del fascismo locale e temendo l'occupazione nazista, sono rimasti nelle loro case. A poco serve, dunque, l'intimazione fatta il 1° dicembre da un milite della Guardia Nazionale Repubblicana al rabbino di Alessandria Ruggero Coen di presentarsi ogni sera al comando delle SS. Così come del tutto inattuata rimane la disposizione del ministero dell'Interno del 10 dicembre, secondo la quale dovranno essere esclusi dall'internamento gli ebrei malati e di oltre 70 anni. Gli arresti continuano in modo del tutto indiscriminato, e il 13 dicembre militi della Repubblica Sociale assaltano il tempio di via Milano, lo devastano e rubano l'argenteria, i manoscritti, i rotoli delle Sacre Scritture e bruciano i volumi in un falò in piazza Rattazzi. Poi i fascisti assaltano anche la sinagoga di Casale, ma la loro ferocia diventa ancora più esplicita nell'agosto 1944: una bomba alleata colpisce alcune abitazioni nella zona del ghetto e i militi della RSI impediscono di avvicinarsi agli edifici per spegnere il fuoco e soccorrere i feriti. Ma le proprietà e i beni degli ebrei sono colpiti anche in un altro modo: attraverso il loro sequestro sulla base del decreto emanato nel gennaio 1944 dalla Repubblica Sociale (ne sono vittima cinque ebrei di Acqui, tre di Alessandria, sei di Casale).

L'ASSALTO AL TEMPIO

Sequestri, furti e distruzioni dei preziosi materiali e volumi delle sinagoghe e delle biblioteche ebraiche avvengono in diverse parti d'Italia. Ad Alessandria, nella notte del 13 dicembre 1943, i fascisti devastano la sinagoga e gli uffici della comunità israelitica. In una relazione sulle *Persecuzioni subite dalla comunità di Alessandria nel periodo 1938-1945* pubblicata da Michele Sarfatti, si legge che risulta completamente distrutto sia l'archivio «comprendente oltre vari documenti conccrncnti l'attività della Comunità dalla sua costituzione all'anno 1943, gli atti originali di Stato Civile (nascite, matrimoni, morte) degli appartenenti alla Comunità stessa, che risalivano al 1600 e giungevano fino al 1865» sia la biblioteca con i suoi «circa 400 libri ebraici di studio e di preghiera» sia, infine, la biblioteca dell'ex comunità di Nizza Monferrato, che dispone di circa 300 volumi, «ottime edizioni della Micrà Ghedolà, del Talmud, ma-

In queste pagine: immagini della sinagoga di Alessandria [Archivio Isral].

hazorim del 500, manoscritti rari ed antichi».

Uguale sorte subisce l'archivio della Comunità di Acqui, trasferito presso quello alessandrino negli anni Trenta. Molti dei libri, manoscritti antichi e rotoli delle Sacre Scritture vengono bruciati in piazza Rattazzi, mentre i fascisti si portano via come bottino gli oggetti sacri d'argento che trovano nella sinagoga. Gian Gaetano Cabella, direttore de Il popolo di Alessandria – e che il 20 aprile 1945 raccoglierà alla prefettura di Milano l'ultima intervista di Mussolini – scrive sul registro della comunità, in segno di disprezzo: «A ricordo di un bubbone estirpato da squadristi e ufficiali di Alessandria».

Alessandrini sono arrestati da tedeschi e fascisti anche in altre città: come Saul Campagnano, marito di Hulda Cassutto, figlia di Nathan, rabbino di Firenze, preso a Firenze il 29 novembre 1943.

Nel complesso, nell'Alessandrino sono catturati 93 ebrei. Tra l'ottobre e il novembre 1943 sono 15, di cui 7 di Alessandria, 4 di Casale e 4 di Acqui; tra il dicembre 1943 e l'aprile 1944 si colloca il maggior numero di arresti: 60 persone di cui 14 di Acqui, 13 di Alessandria e 33 di Casale; nell'ultima fase, tra il maggio e l'ottobre 1944, vengono catturati 18 ebrei, di cui 4 di Acqui, 4 di Alessandria e 10 di Casale. Quasi la metà (42) sono arrestati da italiani, una percentuale decisamente più alta rispetto alla media italiana. Viene istituito un campo di internamento a Rosignano, ma non è certo che sia utilizzato come campo di concentramento provinciale per gli ebrei. È sicuro, comunqu, che i rastrellamenti fascisti proseguono per tutto dicembre con particolare violenza, accompagnando, per esempio ad Alessandria, l'arresto con il saccheggio delle abitazioni.

L'INCERTA STORIA DI ROSIGNANO

Per quanto, allo stato attuale delle ricerche, non lo si possa sostenere con assoluta sicurezza, è probabile che il campo di concentramento ubicato in località San Martino di Rosignano, nel Monferrato, appartenga alla categoria dei campi provinciali istituiti sulla base dell'ordine numero 5 del 30 novembre 1943.

La mancanza di riscontri negli archivi locali e le contraddittorie informazioni presenti nelle carte dell'archivio centrale dello Stato consentono solo di dire che il campo entra in funzione il 18 gennaio 1944 e ha una capacità di una quarantina di posti. La struttura utilizzata è forse una caserma vicino a un campo di aviazione. È certo che Rosignano ospitava solo civili di nazionalità straniera, specie angloamericani, ma è previsto anche l'internamento di elementi ebrei, sebbene l'indicazione risalga con tutta probabilità alla tarda primavera del 1944. L'esistenza del campo è segnalata fino al settembre 1944, ma a quella data la struttura di sicuro non contiene più ebrei.

Tra dicembre e giugno quasi tutti gli ebrei alessandrini sono deportati ad Auschwitz, Bergen-Belsen e Mauthausen. In realtà, le prime due alessandrine a giungere ad Auschwitz sono Benedetta Vitale e Clementina Sacerdote, da tempo trasferitesi a Roma e arrestate nel corso della razzia del ghetto il 16 ottobre 1943. Gli altri partono da Milano e Verona il 6 dicembre 1943 e il 30 gennaio 1944; da Milano il 21 febbraio 1944 (è un trasporto di deportati politici per Mauthausen, ma vi sono due ebrei alessandrini, Renato Treves e Luciano Treves); da Fossoli il 22 febbraio 1944, il 5 aprile 1944, il 16 maggio 1944, il 26 giugno 1944. Non tornerà nessuno.

SAUL CAMPAGNANO

Saul Campagnano è originario di Alessandria, ha trentatré anni e viene arrestato a Firenze il 29 novembre 1943. È il marito di Hulda Cassutto, figlia di Nathan, rabbino della città. La sera precedente il suocero partecipa a una riunione del comitato per organizzare i soccorsi per i profughi ebrei, presso la sede dell'Azione Cattolica in via dei Pucci, 2, un recapito noto come luogo di convegno degli antifascisti fiorentini. Fa irruzione la polizia tedesca, avvertita da un delatore che partecipa alla riunione, Felice Ischio, un diciottenne torinese che entra in contatto con un profugo ebreo proveniente dalla Francia meridionale. Il giorno dopo, Anna Di Gioacchino, la moglie di Nathan,

nascosta con i figli e la cognata nel convento delle religiose dell'Eucarestia, riceve la notizia che per vedere suo marito deve recarsi in piazza della Signoria. È una trappola: viene arrestata con Saul e Raffaele Cantoni che, ignaro del tradimento, ha organizzato l'incontro. Anna viene interrogata a lungo e poi deportata con il marito.

Lei torna da Auschwitz e può riabbracciare i figli, ma non la piccola Eva, morta nel febbraio 1944 a Firenze, a causa dei disagi e delle privazioni subite dopo l'abbandono dei genitori. Saul viene inviato a Verona e da lì deportato ad Auschwitz il 6 dicembre. Muore nel Lager polacco il 6 marzo 1944.

La Brigata Nera «Attilio Prato».

A Casale i rastrellamenti si svolgono nel febbraio e nell'aprile 1944, ed è un commissario di pubblica sicurezza a fornire ai tedeschi l'elenco degli ebrei residenti con i relativi indirizzi. Quasi la metà delle persone è catturata tra il 15 e il 16 febbraio, ed è nella maggioranza composta da anziani, come Armando Levi e Augusta Jarach che hanno 68 anni, Raffaele Jaffe e Federico Levi (77), Erminia Morello e Isaia Carmi (59), mentre la moglie di quest'ultimo, Matilde Foa, ne ha 55. Detenuti nel carcere di Casale, sono inviati a Fossoli da dove vengono deportati ad Auschwitz. Nel rastrellamento di aprile sono catturati altri sei ebrei tra cui Sanson Segre, che è il più vecchio perché è nato nel 1858 a Casale: malgrado gli sia stata amputata una gamba a causa di una grave forma di diabete, viene arrestato, trascinato fuori dal suo letto e condotto a Torino in carcere. Anche gli altri sono portati alle Nuove e poi trasferiti a Fossoli, dove il 16 maggio parte il trasporto che li conduce ad Auschwitz. Gli altri cinque casalesi conoscono lo stesso destino, ma vengono arrestati in momenti e luoghi diversi.

Lavoro obbligatorio nel cimitero di Alessandria, 1942. Da sinistra, Renato Cingoli, Emilio Foa, Emanuele Vitale [Archivio Isral].

Secondo un verbale della Legione Territoriale dei carabinieri di Alessandria del 18 gennaio 1944, il giorno precedente due ufficiali del comando germanico di Genova si sono presentati nel capoluogo chiedendo la consegna di tutti gli ebrei residenti ad Acqui: «Gli ebrei sono stati prelevati presso le loro abitazioni e presso il carcere locale e consegnati ai predetti sottoufficiali, caricati su un torpedone dagli stessi agenti delle SS e trasportati nella serata nel carcere di Genova, reparto speciale delle SS». Sono 12 dei 15 ebrei arrestati nella cittadina, convinti di non doversi nascondere perché non esiste alcun reale pericolo – come ritengono per esempio i fratelli Arturo e Avito Bachi, che si consegnano ai tedeschi per evitare di essere in seguito puniti più duramente. È invece vittima di un delatore Dino Dina, figlio di Erminia Lattes, arrestato dopo essere stato riconosciuto da un acquese alla fermata del tram a Torino.

Il conteggio finale è particolarmente drammatico: del centinaio di deportati dalla provincia di Alessandria, 54 vengono uccisi all'arrivo nel lager, di una trentina non si conosce luogo o data della morte. Da Alessandria nessun superstite, da Casale solo uno. Ad Auschwitz viene ucciso quasi il 60 percento dei deportati dell'Alessandrino. Come nelle altre province, la maggior parte degli ebrei riesce a mettersi in salvo e sono 25 gli alessandrini che riparano in Svizzera (non si hanno notizie sugli ebrei casalesi e gli acquesi). Erminia Carmi abita ad Alessandria e si salva invece grazie alla prontezza di spirito del marito, che non è ebreo. Quando nel febbraio 1944 due carabinieri suonano alla porta e chiedono a Erminia le sue generalità, lei va a chiamare il marito, il quale la fa scappare con le figlie da un secondo ingresso da cui raggiunge la casa dei vicini, che li nascondono. Poi, quando i militari chiedono che la moglie li segua, il marito inizia a chiamarla ad alta voce. Viene arrestato ma rilasciato, e nelle settimane successive riesce a trovare ospitalità per Erminia e le figlie presso l'istituto di suore Maria Ausiliatrice. Altri ebrei trovano un nascondiglio temporaneo – come i bambini dell'orfanotrofio ebraico di Torino, nascosti a Casale dai coniugi Gusmano – oppure nelle campagne o in altri istituti cattolici. Sono destini diversi e non sempre completamente fortunati, come nel caso della famiglia alessandrina dei Treves: il maresciallo d'artiglieria Leone, la moglie Bice Colomba, maestra elementare, e i tre figli Luciano, Renato e Liliana. Aiutati dalla famiglia Castellani, che abita nel borgo di Cascinagrossa, appena fuori Alessandria, e in seguito dal clandestino Partito Socialista di Alessandria, trovano nei venti mesi diverse sistemazioni. Renato e Luciano sono però arrestati, deportati a Mauthausen e muoiono poco prima della Liberazione.

Prima pagina della Stampa *del 19 novembre 1938 che annuncia le leggi razziali* [*Archivio storico* La Stampa].

TORINO
Anno 72 - Num. 267

LA STAMPA

GIOVEDI'
10 Novembre 1938
Anno XVII

La difesa della razza nel nuovo Codice Civile

Saldezza del nucleo familiare e progresso demografico a base delle innovazioni - Le opere idrauliche nella valle padana - Nuove norme contro i contrabbandieri di valuta - Le leggi razziali saranno approvate oggi

Una grande via navigabile unirà il Garda all'Adriatico

Le imponenti proporzioni del piano di sistemazione lacuale e fluviale della val Padana che comprende una galleria di scarico dell'Adige nel Garda

Come ebbi a dire nel mio precedente articolo, il piano delle grandi regolazioni dei laghi e una agricolo e industriale associa- me una quistione di primi ordi- ne nel campo delle attuazioni dell'autarchia. Anche questa volta, come sempre, all'appro- vazione data dal Duce seguono la realizzazioni immediate. Dal 1º novembre XVII, la regola- zione del Lago Maggiore e in corso d'esecuzione. Ciò, non costante si siano dovuti appor- re notevoli ritocchi per ragioni esecutive alle opere stesse pro- puts. 'Oltre ai lavori di predi- sposizione del « Consorzio del Ticino » si ebbero colloqui con una delegazione svizzera che dopo le riunioni tenutesi a Mi- lano e nei sopralluoghi conven- ne che i nuovi lavori non arre- cano alcun danno al regime del lago.

Acqua ed energia

Per il Lago di Como, il Consiglio dei Ministri di ieri ha approvato il progetto di re- golazione del Lago Maggiore...

Le piene dell'Adige

Un brano del Duce di vent'anni fa

Una chiara e ferma rivendica- zione della priorità mussoliniana nella importazione del problema razziale di fronte al pericolo ebrai- co è stata fatta dall'on. Farinacci...

Giuseppe Cobolli Gigli
Ministro dei Lavori Pubblici.

Il Consiglio dei Ministri

Roma, 9 novembre.

Il Consiglio dei Ministri è tor- nato a riunirsi stamane alle ore 10 a Palazzo Venezia, sotto la presidenza del Duce, presenti tut- ti i Ministri, Segretario di Stato e il Sottosegretario di Stato alla Presidenza del Consiglio dei Ministri...

Principali innovazioni

I criteri generali seguiti nel- l'opera di riforma del Codice Ci- vile sono, in sostanza, quelli stes- si che informano la riforma del Codice Penale. Profondamente in- novato tutto lo spirito informato- re del Codice...

Il Centro per i minorenni

La sistemazione dell'Adige

Su proposta del Ministro dei La- vori Pubblici, uno schema di de- creto-legge relativo alla siste- mazione idraulica dell'Adige...

Il collocamento dei lavoratori

I fanali delle biciclette

Contro il contrabbando di valute

Il provvedimento ha lo scopo di realizzare le direttive fissate...

Il Consiglio dei Ministri, ha così avuto termine alla ore 14,20, i correnti, alle ore 14 a Palazzo Viminale, approva le leggi razziali.

Primi colpi di vanga intorno alle nuove case coloniche della Libia

CAPITOLO 5

IL NOVARESE

Al momento dell'emanazione delle leggi razziali, la presenza ebraica nella provincia di Novara non è superiore a trenta persone. Di un vero e proprio insediamento ebraico nel corso dei secoli precedenti è d'altra parte difficile parlare. Durante l'Ottocento – quando vengono registrate non più di venti presenze – e fino agli anni Venti del secolo successivo il territorio della provincia comprende anche il Vercellese, dove al contrario l'insediamento ebraico è consistente e costituisce il punto di riferimento per il culto degli ebrei novaresi. A Novara, infatti, non c'è una sinagoga e non esiste una vera e propria comunità strutturata (un piccolo cimitero degli acattolici, creato nell'Ottocento, diventerà a tutti gli effetti un luogo ebraico solo dopo la seconda guerra mondiale). Nondimeno, l'occhiuta attività del regime fascista non la risparmia al momento delle leggi razziali e sono tre le docenti ebree allontanate dall'insegnamento: Virginia Finzi Lombroso, Ester Levi e Benvenuta Treves. In realtà, viene colpito dalle leggi razziali e cacciato dalla scuola anche Giulio Reichenbach, che insegna al liceo classico, il quale però è residente a Padova. Anche Mario Toscano, docente universitario e vicepodestà di Novara negli anni precedenti, è costretto a lasciare i suoi incarichi.

In seguito all'armistizio, il 12 settembre 1943 giungono a Novara i primi reparti tedeschi. Sono i soldati del I battaglione SS appartenente al II Reggimento della Divisione corazzata «Leibstandarte Adolf Hitler». Il comando militare territoriale (la Militärkommandantur 1021, che comprende Novara e Vercelli) viene collocato in due edifici in corso Mazzini. Sono sufficienti pochi giorni affinché

CACCIATA DALLA SCUOLA: BENVENUTA TREVES

Benvenuta Treves ha appena compiuto cinquantatré anni – è nata infatti il 27 luglio 1885 a Torino – quando le leggi razziali la costringono ad abbandonare l'insegnamento delle materie letterarie presso l'Istituto Tecnico Commerciale Mossotti di Novara, dove si è trasferita nel 1919. È un'insegnante apprezzata, è iscritta al Partito Nazionale Fascista dal 1934 e partecipa alle «manifestazioni della vita nazionale», come recita una nota scolastica che la riguarda. Quando nell'ottobre 1938 le viene comunicato il provvedimento della sospensione dall'insegnamento, chiede al ministero dell'Educazione nazionale di non essere discriminata in virtù delle molte benemerenze che può vantare, dal convinto patriottismo dimostrato nelle lezioni alla presenza nella sua famiglia di uno zio distintosi nelle guerre risorgimentali. Non è però sufficiente, e deve rinunciare alla sua cattedra. Quando iniziano i rastrellamenti tedeschi per arrestare gli ebrei, Benvenuta riesce a mettersi in salvo: «Quel mattino, alle 9.30, ero in casa mia e stavo dando lezioni poiché, come ebrea, ero stata allontanata dalla scuola e insegnavo ai privati. Un messaggero bussò alla mia porta recando un biglietto. Era del ragionier Muggia, mio buon conoscente e ufficiale della prima guerra mondiale. Aveva saputo da un suo amico, funzionario della questura di Novara, che in quel giorno vi sarebbe stato un rastrellamento di ebrei e mi invitava ad allontanarmi. Non persi tempo […]: infatti, a mezzogiorno preciso, fascisti e tedeschi bussarono alla mia porta».

Benvenuta Treves viene reintegrata nell'insegnamento nell'agosto 1945 quando torna a Novara, e si dedica in parallelo alla carriera politica (diventa consigliera comunale, assessore e vicesindaco). Muore nel 1973, e in seguito l'amministrazione comunale di Novara le intitola una via cittadina.

inizino gli arresti. In poco tempo i tedeschi entrano in possesso delle liste degli israeliti residenti in città e un ex agente di custodia del carcere di Novara, Filippo Prestifilippo, testimonierà davanti alla corte a Osnabrück (dove verranno processati negli anni Cinquanta i responsabili della strage del Lago Maggiore): «Nel carcere di Novara, dopo l'8 settembre, era un via vai di detenuti politici che venivano accompagnati e prelevati sia dagli uomini della gendarmeria tedesca sia dalle SS. Un giorno giunse un camion carico di ebrei i quali furono sistemati in celle assai grandi».

A Novara sono catturati almeno due ebrei: il cinquantaseienne Giacomo Diena e suo zio Amadio Jona, che di anni ne ha settantasette. Il primo è un ragioniere, funzionario di banca, e ha la tessera del Partito Nazionale Fascista. È il 19 settembre e Diena, pur avvertito di quanto sta accadendo, non fugge. È convinto che l'essere fascista e ufficiale nella Grande Guerra, da cui è tornato invalido, lo mettano al riparo

Brigata Nera a Novara nell'inverno 1944-45.

da ogni violenza e sopruso. Non è così: viene prelevato a forza dalla sua abitazione – subito dopo trasformata dai fascisti in una sede di una squadraccia – e condotto insieme allo zio nella scuola Morandi dove si sono sistemati i tedeschi. Entrambi risultano uccisi lo stesso giorno. Sara Biertie Kaatz (o forse Catz) è invece iscritta alla Comunità ebraica di Vercelli ma residente a Novara, di lei si perdono però le tracce dopo l'arresto. Deportata o fucilata a Torino, i suoi beni sono sequestrati, così come quelli degli altri ebrei. Coloro che hanno depositato

14 Mercoledì 17 Gennaio 1968

Parlano a Osnabrück le SS che comandavano la zona

L'eccidio di Meina non fu ordinato dall'alto

Citati come testi il gen. Wisch, il col. Kraas, il magg. Lehmann e Theo Saevecke, che fu vice-capo della polizia nazista a Milano - Hanno lanciato pesanti accuse ai cinque imputati, ma neanche loro sono usciti indenni dall'interrogatorio - E' risultato che Saevecke e Wisch (quest'ultimo è svenuto per le contestazioni ed è rimasto 3 ore in barella) «sapevano» della strage, e non fecero nulla per impedirla

(Dal nostro inviato speciale)
Osnabrück, 16 gennaio.

Ho visto oggi succedersi sulla poltrona dei testimoni alla Corte d'Assise di Osnabrück alcuni importanti uomini dell'occupazione nazista in Italia, la cui sola vista nei giorni dopo l'8 settembre 1943 incuteva terrore.

Quattro ex alti ufficiali delle SS, che per un certo periodo fecero il bello e il cattivo tempo tra il Lago di Garda e la frontiera francese: il generale di brigata Wisch, comandante della divisione corazzata *Leibstandarte Adolf Hitler* (la guardia del corpo del *Führer*), il colonnello Kraas comandante del secondo reggimento della divisione e il magg. Lehmann, ufficiale d'ordinanza del generale, nonché il vice capo della polizia politica tedesca a Milano, Theo Saevecke, oggi funzionario della polizia criminale per conto del governo di Bonn. I quattro sono stati citati come testimoni di accusa al processo, accusato anche l'ex capitano Krueger del quale la truppa diceva che aveva fatto assassinare degli innocenti.

Il colonnello Kraas ha tessuto l'elogio di tutti gli uomini di stanza sul Lago Maggiore, fino a quando è risultato d'improvviso che a Meina un certo pomeriggio di sabato all'albergo «Meina» c'era stato pure lui. Da quel momento è diventato meno loquace. Il maggiore Lehmann invece non ha mai saputo nulla, neanche che c'erano delle SS sul Lago Maggiore. Saevecke (amico di Kappler, quello delle Fosse Ardeatine e delle razzie di ebrei italiani nell'ottobre 1943) non fece mai nulla contro un israelita. Seppe soltanto che «gli italiani si impegnavano troppo poco contro gli ebrei».

E la strage sul Lago Maggiore? Con qualche sforzo il tenacissimo presidente della Corte d'Assise, Haack, è riuscito a far dire all'ex generale Wisch e all'ex vice capo della polizia politica Saevecke che «sapevano». Seppero ma non fecero nulla. Wisch, informato che dal Lago Maggiore era stata ripescata una salma, mandò a Meina tutti e due i giudici militari della sua divisione (Diefenthal e Jochum, i quali verranno ascoltati domani). «Perché tutti e due per una sola salma?» — ha domandato il rappresentante dell'accusa —. Forse volevate nascondere qualcosa?». L'ex generale Wisch non ha trovato una risposta e ha farfugliato che «forse i due giudici militari partirono l'uno all'insaputa dell'altro». L'inchiesta comunque, che allora indicò come indiziato il capitano Krueger, fu insabbiata. Un omonimo del capitano Krueger fu ucciso in Russia dai suoi uomini per uno scambio di persona. Pare che usasse così nelle SS quando uno sbagliava.

Dal funzionario della polizia criminale Saevecke la Corte è riuscita a sapere che pure lui era informato a suo tempo. L'avv. Mazzucchelli gli denunciò l'uccisione della moglie signora Froehlich, il console turco gli denunciò l'assassinio di un ricco ebreo di Istanbul, i giornali svizzeri pubblicarono la notizia del ritrovamento di una salma nel ramo elvetico del Lago Maggiore. Si trattava di persone che fino al 22 settembre 1943 avevano abitato nell'albergo «Meina».

«Ordinai un'inchiesta — ha raccontato oggi Saevecke — che però andò a vuoto. A quel tempo — si è giustificato l'uomo che ebbe il suo ufficio all'hôtel Regina di Milano — avevamo ben altro da fare. Ogni giorno a Milano, venivano uccisi dai partigiani italiani quattro, cinque, talvolta anche dieci tedeschi». Saevecke ha specificato che si trattava di «crocerossine e bambini».

Tito Sansa

Articolo della Stampa *del 17 gennaio 1968 sul processo di Osnabrück [Archivio storico* La Stampa*].*

i loro averi nelle cassette di sicurezza della Banca Popolare di Novara – come lo stesso Diena – assistono impotenti al loro sequestro da parte dei tedeschi che, il 1° ottobre, guidati dal tenente Helmut Staube,

Documento falsificato di Elena Annichini, in realtà Elena Bachi [Archivio Simona Bachi].

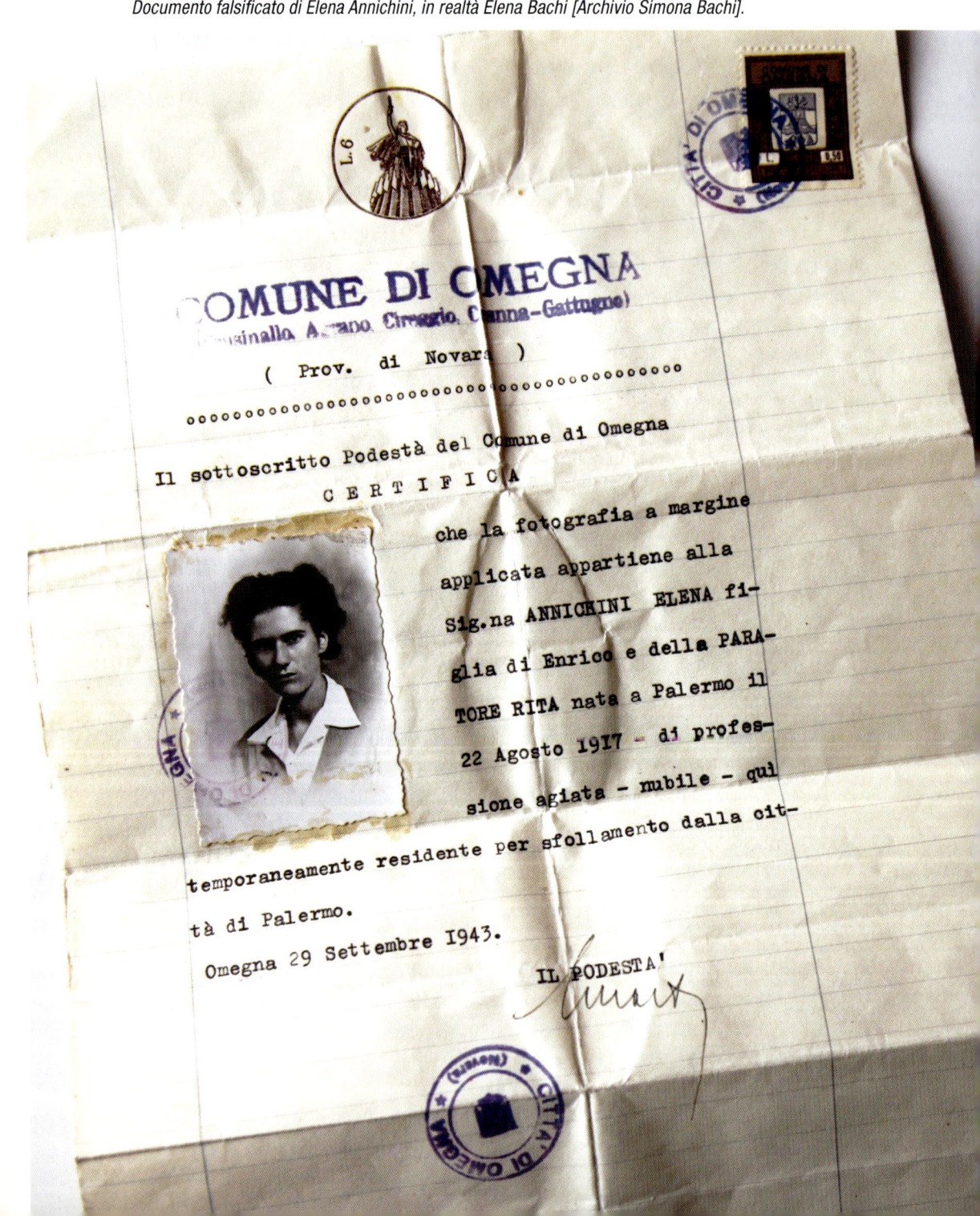

entrano nella filiale della banca e s'impossessano di tutto quello che le cassette contengono. Non si conosce molto della sorte degli altri venti novaresi che risultano deportati.

Se pochi sono gli ebrei locali, moltissimi sono invece coloro che attraverseranno la provincia di Novara nei mesi successivi. È uno dei luoghi principali da cui si tenta di raggiungere la Svizzera. Nel corso dei venti mesi sono circa 6000 gli ebrei che riescono a espatriare, attraversando il Verbano e approfittando dei passaggi che si aprono nelle valli a partire dal Lago Maggiore. Ad accompagnarli sono abitanti del luogo, gli «spalloni» che lo fanno di mestiere, ma anche i contrabbandieri e i partigiani, come gli uomini della formazione Cesare Battisti. Gli ebrei devono spesso pagare cifre altissime per la propria salvezza, senza peraltro avere la sicurezza che le loro guide non li vendano ai fascisti o ai tedeschi, guadagnandoci due volte, oppure li lascino a loro stessi nei boschi, rischiando di perdersi e di finire nelle mani delle guardie confinarie svizzere, che a quel punto possono decidere del loro destino, concedendo di entrare oppure rimandandoli indietro e condannandoli alla deportazione.

MARIO TOSCANO, IL VICEPODESTÀ EBREO

Mario Toscano è ricordato sia come storico delle relazioni internazionali, al cui studio ha dato un significativo contributo, sia come diplomatico italiano del secondo dopoguerra. Nato a Torino nel 1908 (morirà a Roma nel 1968), trascorre gli anni della formazione a Novara, diplomandosi al liceo Carlo Alberto e laureandosi in Giurisprudenza a Milano (una seconda laurea la ottiene a Pavia in Scienze politiche). Nel 1932 diventa libero docente in Diplomazia e Storia dei Trattati, iniziando la carriera universitaria, sebbene sia quella diplomatica a cui aspira. Per il momento, però, gli viene impedita poiché i suoi esaminatori temono dei riflessi psicologici sul suo equilibrio mentale a causa del suicidio del padre, avvenuto quando Mario era ancora un ragazzo. Come molti altri italiani, è un fascista convinto che vede nel regime l'incarnazione dell'ordine e della pace sociale, nonché l'aspirazione a un'Italia forte e potente sul piano internazionale. Si iscrive al Partito Nazionale

Fascista nel 1926 e diventa segretario del Gruppo Universitario Fascista, nel 1932 direttore del locale Istituto di cultura fascista e nel 1934 vicepodestà di Novara.

A nulla valgono la rapida ascesa nell'amministrazione fascista, le sue benemerenze politiche o la sua convinta adesione al regime, quando vengono emanate le leggi razziali. Ottiene subito l'arianizzazione, che poi però gli viene revocata costringendolo a lasciare tutti gli incarichi, compreso l'insegnamento di Storia dei Trattati internazionali all'Università di Cagliari. Nondimeno continua a studiare, a scrivere, a coltivare amicizie intellettuali preziose, come quelle con Federico Chabod, Gioacchino Volpe e dopo il 1943, in Svizzera, con Luigi Einaudi; quest'ultima in particolare contribuisce al suo ripensamento sul fascismo e allo spostamento verso posizioni politiche liberaldemocratiche. Vive gli anni della persecuzione ritirandosi con la moglie nel Monferrato, e dopo l'occupazione tedesca fugge in Svizzera dove resta fino alla fine della guerra. Torna in Italia nel 1946 e inizia una densa attività scientifica, di insegnamento e diplomatica presso il ministero degli Affari Esteri.

Non è comunque il capoluogo il cuore della deportazione nella provincia di Novara, bensì il Lago Maggiore e la strage che viene perpetrata sulle sue rive nel settembre 1943. È questo il primo atto della Shoah in Italia. Le vittime sono 54: 16 a Meina, 14 a Baveno, 9 ad Arona, 4 a Intra, 4 a Stresa, 3 a Mergozzo, 2 a Orta San Giulio, 2 a Pian Nava. Il gruppo più consistente è arrestato all'Hotel Meina nell'omonima località sul lago. Il I battaglione del secondo reggimento

Articolo sulla Libera Stampa, *il giornale del Partito Socialista di Lugano, sulle persecuzioni antisemite in Italia.*

Le truppe alleate mantengono il contatto con quelle di Kesselring

Q. G. ALLEATO NELL'AFRICA DEL NORD, 22 ag. — Il corrispondente speciale della Reuter Burk telegrafa:

Le truppe alleate sono in stretto contatto con le forze del maresciallo Kesselring su tutta una fronte. Nel settore della V. armata è stato respinto un contrattacco tedesco nei pressi di Cancello. Le operazioni aeree condotte dall'aviazione alleata contro l'Italia nella giornata di giovedì sono state tra le più vaste dirette dopo lo sbarco di Salerno. Vi hanno partecipato ogni tipo di velivolo.

La persecuzione antisemita in Italia

CHIASSO, 22 — I primi giorni della invasione tedesca hanno visto numerosi atti di forza i quali, qua e là, più che conformi a un piano preordinato, rispondano evidentemente all'intento di spargere confusamente il terrore, e diretti contro antifascisti, contro ebrei, o contro cittadini italiani che comunque si mostrassero meno pronti alle prepotenze naziste. In questa fase sono stati uccisi anche molti ebrei, pur senza che li si ricercasse tutti nè dappertutto.

Particolarmente nefandi sono stati gli eccidi della zona piemontese del lago Maggiore: ad Arona, Meina, Stresa, Suna, Pallanza, tutte le famiglie di ebrei sono state arrestate, e non se ne sono potute aver più notizie; molti sono stati barbaramente trucidati, numerosi cadaveri seviziati sono stati trovati nelle campagne e nel lago; tra questi le famiglie di alcuni noti professionisti e di un dirigente della Pi-

relli di Milano.

Dopo un periodo nel quale le autorità tedesche hanno avuto altro cui pensare, ora incomincia la persecuzione sistematica; in provincia di Cuneo tutti gli israeliti sono stati arrestati e rinchiusi in campo di concentramento; anche nella provincia di Como ne sono stati richiesti gli elenchi dalle autorità di occupazione sembra ad analogo intento. A Roma è stata imposta una forte taglia che gli ebei della città sono stati costretti a pagare. La persecuzione antisemita, che si abbatte del resto sugli ebrei italiani non molto diversamente dal flagello che ha colpito il paese tutto, trova la popolazione il cui significato, nè mai ha potuto condividere sentimenti ostili ai concittadini di origine ebraica, tutta solidale con questi più duramente perseguitati, e disposta ad aiutarli in ogni modo.

Un velivolo tedesco atterra a Dübendorf

BERNA, 22 (az.) — Si comunica ufficialmente: Nella notte sul 21 ottobre tra le ore 20,50 e le 22,30 velivoli stranieri hanno nuova- 7 e 8. L'aereo, che a detta di un testimonio sembra essere in perfette condizioni è stato aiutato nell'operazione di atterraggio dai della Divisione corazzata «Leibstandarte SS Adolf Hitler» arriva a Meina nella notte tra il 14 e il 15 settembre e la mattina dopo una squadra, al comando dell'SS-Scharführer Oskar Schultz, posiziona le mitragliatrici intorno all'hotel, entra e fa scendere dalle loro stanze tutti gli ospiti, separando gli ebrei dagli ariani. Tra di loro vi sono 13 ebrei profughi di Salonicco, e sei appartengono alla famiglia Fernandez Diaz: il nonno Dino di 76 anni, il figlio Pierre che due giorni prima ne ha compiuti 46, la moglie Liliana Shalom di dieci anni più giovane, e i tre figli Jean di 17, Robert di 13 e Blanchette di 12. Ai Fernandez Diaz si aggiungono le famiglie Mosseri, Torres e Modiano, sempre di Salonicco, nonché due dipendenti ebrei dell'albergo ma cittadini italiani, e una tedesca, la trentottenne Lotte Freolich, moglie dello scrittore Mario Mazzucchelli che nei giorni successivi tenterà disperatamente di salvarla e al processo di Osnabrück testimonierà di ricordare un ufficiale tedesco che suonava molto bene il pianoforte. Un giorno gli si rivolge chiedendogli con quale animo tiene dei bambini prigionieri: «I bambini crescono e diventano schifosi ebrei» è la risposta.

Inizia una settimana di agonia per i 16 ebrei, chiusi nelle loro stanze sotto gli occhi di un paese che ne conosce la condizione ma che appare immobile o im-

L'Hotel Meina [Archivio Fotografico dol Vorbano].

possibilitato a intervenire, a differenza delle stragi successive che sono invece perpetrate sul lago nella più totale segretezza. Sebbene le persone scompaiano dalle loro case e non si sappia dove vengono portate, all'interno dell'Hotel Meina con il passare dei giorni il clima va migliorando: i prigionieri possono uscire dalle loro stanze, pranzare insieme e persino passeggiare per il paese, con la minaccia tuttavia che se solo uno tentasse di fuggire, gli altri sarebbero fucilati all'istante. La mattina del 22 settembre gli ebrei ricevono l'ordine di rimanere nelle loro stanze per tutto il giorno. La sera il capitano Hans Krüger comunica che saranno condotti in campo di concentramento, con una strana procedura, ossia – con la scusa di non destare curiosità nella popolazione e in mancanza di mezzi adatti – utilizzando l'automobile e trasferendo gruppi di tre-quattro persone per volta.

Quella notte, nel corso di tre piccoli trasporti, vengono uccisi nove dei tredici prigionieri vicino alla casa cantoniera, in località Pontecchio, lungo il lago. Rimangono in albergo, barricandosi inutilmente nella loro stanza, Jean, Robert e Blanchette insieme al nonno. La notte successiva, malgrado i mobili accatastati contro la porta, le SS irrompono nella stanza e li conducono via, per ucciderli nello stesso luogo della sera prima. L'ex sergente Ludwig Leithe ha raccontato al processo di Osnabrück: «Schultz diede l'ordine di fermarci. Io gli dissi subito che restavo seduto sul camion e non mi muovevo. Schultz non disse nulla. Scese. Tornò. Si affacciò al finestrino del camion e mi ordinò di accendere il faro grande. Fu allora che rividi, ancora per un attimo, i bambini col nonno. I bambini piangevano. Disperatamente. Sentii Schultz che dava l'ordine di sparare. Girai la testa per non vedere. Gli uomini caricarono i corpi sul camion. Tornammo a Meina. Gettammo nel lago i quattro cadaveri».

L'HOTEL MEINA

L'Hotel Meina prende il nome dall'omonimo paese che si affaccia sul Lago Maggiore, luogo di villeggiatura della nobiltà lombarda, alla quale si aggiunge nel corso dell'Ottocento la ricca borghesia in ascesa, tra cui Arnoldo Mondadori, la cui villa sorge a metà strada tra Meina e Arona, e dove sfolla la casa editrice quando iniziano i bombardamenti su Milano. Meina è anche un piccolo centro industriale – vi sono tre cartiere, una filatura di seta, una fabbrica di oli lubrificanti – ma ad attirare Alberto Behar nel 1938 sono le potenzialità turistiche di quel luogo, dove negli anni Trenta vengono girate alcune scene di due film di grande successo, *Gli uomini che mascalzoni* di Mario Camerini, e *Luciano Serra pilota* di Goffredo Alessandrini. Quest'ultimo film gli italiani sono andati

ricco commerciante di origine turca, negli anni Venti ha girato mezza Europa e alla fine si è stabilito a Milano, dove ha un negozio di tappeti in via Montenapoleone. Ad Arona compra un cinema e a Meina, oltre a diverse case, l'albergo pensione Zanetta, rimodernandolo in stile littorio e cambiandogli nome, appunto, in Hotel Meina.

Un ampio giardino che dà sul lago, un imbarcadero per chi vuole raggiungere le Isole Borromee o gli altri paesi, grandi sale per mangiare (nonostante il razionamento, i clienti facoltosi possono ot-

Un fotogramma di Gli uomini che mascalzoni.

a vederlo soprattutto per il suo protagonista, Amedeo Nazzari, vera e propria star degli anni del regime. Behar è un

tenere quello che vogliono), il biliardo, i tavoli per giocare a carte, settanta camere pronte per ospitare i turisti: non

Parlami d'amore Mariù, *colonna sonora di* Gli uomini che mascalzoni.

Un fotogramma di Gli uomini che mascalzoni.

manca nulla. La guerra per un momento sembra infrangere le speranze di Behar, perché gli italiani hanno ben altri pensieri che la villeggiatura; tuttavia la relativa vicinanza a Milano, che consente a molti di continuare a lavorarci facendo i pendolari ma al riparo dalle bombe, si traduce in un grande affare. Non è però tra i suoi ospiti Claretta Petacci che, dopo la caduta del fascismo, si rifugia con la sua famiglia in una villa a Meina. Il 12 agosto i carabinieri li prelevano con l'accusa di appropriazione indebita e furto. Li attende il carcere a Novara.

Con il suo centinaio di ospiti, nell'estate del 1943 l'Hotel Meina è al completo, perché la borghesia milanese se può, preferisce vivere in albergo. Sedici di loro non sono italiani ma greci, fuggiti da Salonicco dopo l'occupazione tedesca. E il nome dell'Hotel Meina rimane legato al loro destino.

Villa Osimo, dove si rifugia Claretta Petacci dopo la caduta del fascismo [Archivio Fotografico del Verbano].

UNA STORIA: BECKY BEHAR

«Voi siete ebrei, voi bambini ebrei crescete, vi sposate e fate altri ebrei…»: con queste parole un tedesco si rivolge alla quattordicenne Becky Behar, figlia del padrone dell'Hotel Meina, nell'omonima località sul Lago Maggiore. È il 16 settembre 1943 e i nazisti hanno ormai occupato i paesi intorno al lago e arrestato gran parte degli ebrei che sono in vacanza o che si sono rifugiati nella zona. Becky è nata in Belgio, ultima di quattro figli, e nel 1938 ha dovuto abbandonare la scuola a causa delle leggi razziali.

Costretta dentro l'hotel dopo l'arrivo dei tedeschi, vive i giorni di disperazione dei 16 ebrei di Salonicco e il giorno successivo alla loro scomparsa sente gli abitanti del paese raccontare che i loro cadaveri sono stati ritrovati sulla riva del lago: «Come credere a quelle terribili voci? Mi parve incredibile e decisi allora di recarmi sul luogo e di rendermi conto io stessa sulla verità dei fatti. Lo spettacolo che si presentò allora davanti a me fu terribile, purtroppo non tardai molto a riconoscerli, erano loro! Povera gente innocente,

Becky Behar, tredicenne al momento dello scatto.

che triste sorte il destino aveva riservato loro! Avevano dovuto subire una orribile morte perché erano trasfigurati». Insieme alla sua famiglia, Becky si salva grazie all'aiuto del console e del viceconsole turchi che si trovano a Meina, i quali fanno liberare il padre Alberto, arrestato dai tedeschi e accusato di aver aiutato gli ebrei ospiti nel suo albergo. Dopo aver raggiunto la salvezza in Svizzera, nel novembre 1943 Becky scrive un diario e in seguito, dopo aver deposto al processo di Osnabrück, per tutta la vita, fino alla morte avvenuta nel 2009, testimonia in pubblico ciò che aveva vissuto in quei giorni.

A Baveno opera la 5ª compagnia del capitano Karl Schnelle. I 14 ebrei che vengono uccisi sono poi gettati nel lago dentro grandi sacchi appesantiti da pietre. Sono l'ex giornalista e poi commerciante viennese Emil Serman, la moglie Maria Müller, la cognata Stefania Müller, la suocera Giulia Werner, la cugina polacca Sofia Czolosinska; l'ingegnere Mario Luzzatto, già direttore della Pirelli a Londra, insieme alla moglie Bice Genesi, alle due figlie Silvia e Maria Grazia, alla cognata Olga; Carla Caroglio, che qualcuno ha notato per i suoi vestiti eccentrici e che è vista per l'ultima volta quando esce dal comando tedesco all'albergo Suisse; la polacca Fanny Jette Engel, che vive sola all'albergo Eden; il rabbino lettone Joseph Wofsi e la moglie Emma Baron. Sono tutti condotti a villa del Ruscello e uccisi a colpi di pistola e di chiave inglese. Pietro Columella è invece il podestà di Baveno, costretto dai tedeschi, nei giorni successivi, a leggere false lettere di saluto degli ebrei che sono stati trucidati, perché la popolazione del paese si preoccupa e inizia a chiedere della loro sorte: «Siamo stati arrestati perché ebrei. Ci trattano bene e ci porteranno in un campo di concentramento. In segno di riconoscenza per gli abitanti del paese che ci ha ospitato, lasciamo del denaro affinché venga distribuito ai poveri».

Ad Arona, i tedeschi attraversano il paese seguiti da un torpedone rosso e giallo, mentre casa per casa controllano l'elenco degli ebrei che qualcuno gli ha consegnato. Quattro persone sono arrestate all'hotel Sempione, anche loro ebrei greci (i fratelli Carlo, Grazia e Giacomo Modiano, e la moglie di quest'ultimo Violetta Pontremoli), mentre sono ungheresi Clara Kleinberger e il figlio Tiberio Alexander Rakosi, catturati nella villa Berratta-Piccoli dove risiedono temporaneamente. A villa Cantoni sono presi invece il conte Victor Angelo Cantoni Mamiani Della Rovere e la figlia Irma. Margherita Coen è nella sua casa di via Milano quando i tedeschi arrivano e la costringono a salire sul torpedone. Sono condotti alla caserma dei carabinieri, poi forse a Novara, ma di loro non si sa più niente.

Prima ancora di leggere con le parole rotte dal pianto le false lettere di commiato, il podestà Columella avvisa l'amico Tullio Massarani, un avvocato veronese trasferitosi a Stresa, per metterlo in guardia. La risposta è che nulla ha da temere perché ha la coscienza a posto. I tedeschi vanno a prenderlo e lo arrestano insieme alla sorella Olga. Altri due ebrei sono catturati nel paese, il commerciante di Casale Monferrato Giuseppe Ottolenghi e la figlia Lina. I tedeschi li portano tutti e quattro nella caserma dei carabinieri dove restano fino al 22 settembre, poi vengono uccisi. A Orta San Giulio sono arrestati e assassinati Mario Levi e il figlio Roberto (zio e cugino di Primo Levi), ai quali risulta fatale il rinvio di un giorno della fuga in Svizzera, mentre a Pian Nava le vittime sono Humbert Scialom e la moglie Berthe, entrambi originari di Salonicco. Tre sono invece gli ebrei uccisi a Mergozzo: lo spagnolo Mario Abramo Covo e i nipoti Alberto Abramo Arditi e la moglie Matilde David. «Uscì in giacca. Portava sempre un anello al dito», testimonierà la figlia di Mario, Matilde Steiner, «ma quella sera lo lasciò sul comodino. Nel cassetto di un comò, sopra i soldi per la spesa del giorno dopo, mia madre trovò una busta rossa col testamento di papà; sapeva bene quello che gli poteva succedere…»

La famiglia Ovazza viene sterminata a Intra: Ettore, la moglie Nella

APPENA IN TEMPO: LA FUGA DEGLI JARACH

Una delle ville che si affacciano sul Lago Maggiore tra Arona e Meina è di proprietà di Federico Jarach, un industriale milanese che negli anni Trenta è stato presidente della Comunità ebraica di Milano e in seguito dell'Unione delle comunità israelitiche. Un compito gravoso e delicato nel clima tormentato delle leggi razziali. Costretto a svendere la sua industria, le Robinetterie Italiane, si dedica a organizzare una scuola ebraica presso la comunità milanese per i bambini e i ragazzi cacciati dalle scuole pubbliche. Nonostante tutto è un ottimista, e quando inizia l'occupazione tedesca rimane convinto che nulla può accadergli, considerate le sue relazioni. Gli ebrei di Salonicco, alcuni dei quali frequentano la sua villa, raccontano al comandante – così si fa chiamare Jarach che è stato in Marina e ha raggiunto il grado di tenente di vascello – ciò che hanno fatto i tedeschi quando hanno occupato la Grecia, ma, come molti altri suoi correligionari, Jarach ribatte che in Italia queste cose non possono accadere.

Quando il 15 settembre i tedeschi arrivano sul lago e prendono prigionieri gli ebrei all'Hotel Meina, Elena Meroni inforca la bicicletta e va di corsa a villa Jarach. Così racconterà nella sua deposizione per il processo di Osnabrück contro i responsabili della strage: «Gli Jarach erano in giardino e stavano chiacchierando tutti tranquilli. Il comandante non mi lasciò nemmeno finire il mio racconto. Sorridendo mi disse che ero una donnetta. Non poteva accadere niente di niente, perché loro, gli Jarach, erano sì ebrei, ma cittadini italiani. Anche ai profughi ebrei dell'Hotel Meina non poteva accadere niente in quanto erano cittadini italiani». È assai più convincente, evidentemente, il dottor Luca Canelli, che quel giorno passa vicino all'hotel Sempione di Arona e vede i tedeschi che arrestano una famiglia di ebrei. Sono i Modiano, suoi pazienti. Avvisa subito Jarach, nella cui villa vi sono undici persone: oltre a lui la moglie Giorgina Rignano, le due figlie Emma (con il marito Lodovico Misrachi e i loro figli Giorgina, Enrico, Federico) e Lea (con il marito Bruno Pontremoli e la figlia

Emma). C'è anche un'amica di famiglia, Olimpia Foa. Lasciano all'istante la villa in barca, appena in tempo perché, come racconta Elena Meroni tornata un'altra volta per insistere, li vede allontanarsi mentre i tedeschi entrano nel giardino puntandole addosso un fucile. Solo Lodovico non si è imbarcato: è malato, non è in grado di muoversi e allora Canelli lo trasporta in automobile fino all'ospedale di Arona, dove lo ricovera e lo nasconde per quattro mesi anche grazie alla complicità di un altro medico. Canelli, riconosciuto Giusto tra le Nazioni il 19 maggio 1999, conserva durante la guerra una parte dei beni della famiglia Jarach, che in seguito ne torna in possesso.

Sacerdote, i figli Elena e Riccardo. Ettore è un ricco banchiere torinese: fascista della prima ora, ha partecipato alla marcia su Roma. È convinto che troppe siano le sue benemerenze a favore del regime – non ultimo l'aver pubblicato a Torino nel 1938 il giornale ebraico *La nostra bandiera*, antisionista e di chiaro sentimento fascista – perché qualcuno lo possa toccare. Gli amici lo mettono in guardia e in parte convinto da queste preoccupazioni si trasferisce con la famiglia in un albergo di Gressoney, in Valle d'Aosta. Riccardo è il primo che tenta di espatriare in Svizzera ma, forse denunciato da una spia, viene arrestato l'8 ottobre a Domodossola e condotto a Intra nella sede della 2ª Compagnia SS che si trova nelle scuole elementari femminili. Il giovane viene ucciso dopo aver fornito, forse sotto tortura, le informazioni necessarie per rintracciare gli altri membri della famiglia, arrestati a Gressoney e condotti a Intra. È un ex maestro di scuola, il trentaduenne austriaco Obersturmführer Gottfried Meir, a comandare la strage: tra il 10 e l'11 ottobre gli Ovazza sono uccisi a colpi di pistola nelle cantine della scuola e i loro corpi bruciati nella caldaia.

CAPITOLO 6

IL VERCELLESE

I tedeschi che arrivano a Vercelli il 10 settembre 1943 sono partiti nella notte da Reggio Emilia al comando dell'SS-Obersturmbannführer Hugo Krass. Le avanguardie entrano in città la mattina, mentre qualcuno mette in giro la voce, ovviamente falsa, che gli inglesi sono sbarcati a Genova e sono già arrivati ad Alessandria. Il quattordicenne Dario Colombo però ci crede e vuole essere il primo a vederli, forse perché, mentre il 10 giugno 1940 assisteva dal balcone di casa in piazza d'Azeglio alla dichiarazione di guerra, il padre lo ha preso per la mano e gli ha detto che gli inglesi sarebbero prima o poi passati da lì. Con quella speranza, Dario attraversa correndo una Vercelli sempre più vuota: non collega affatto che i banchetti rovesciati del mercato di piazza Zumaglini, con la verdura e la frutta sparsa per terra, siano il segno di un fuga improvvisa. Poche decine di minuti prima, in mezzo alla piazza si è infatti sentito urlare «Arrivano i tedeschi!», ma questa volta la notizia è vera. Aldo Cingoli ricorda: «Tutti fuggirono ed io rimasi solo, nella piazza deserta, in una Vercelli deserta ed impaurita, e mi chiedevo il perché: arrivavano i tedeschi! Era da giorni che si aspettavano, ma non avrebbero mica ammazzato tutti!» Nel frattempo, giunto a Porta Milano, da dove secondo le voci entrerebbero le truppe alleate, Dario non trova anima viva. Dopo un po' spunta all'angolo un soldato tedesco che lo chiama: «Con grandissima, totale incoscienza io gli girai le spalle, perché la divisa, l'elmetto li avevo ben riconosciuti, e sono scappato di corsa». Senza fiato raggiunge il padre in ufficio ed entra gridando «I tedeschi!», seminando il panico.

A Vercelli e nella provincia esiste una consistente comunità ebraica, la terza del Piemonte dopo Torino e Alessandria. Ha una solida e antica tradizione, ed è a Vercelli che viene fondato nel 1853 da Giuseppe Levi il giornale *L'Educatore Israelita*, trasferito nel 1874 a Casale Monferrato dove prende il nome di *Vessillo Israelitico*, diventando il periodico più diffuso nell'Italia ebraica di fine Ottocento. Nel 1938, secondo il censimento gli ebrei in provincia di Vercelli sono 325, di cui 138 nel capoluogo. Sono in buona parte appartenenti alla borghesia delle professioni, caratterizzata da sicurezza economica e prestigio sociale. Una condizione che nel 1938 si frantuma: le leggi razziali cancellano il sistema di relazioni e il fascismo locale inizia una durissima campagna antisemita che contribuisce al progressivo isolamento degli ebrei. Le istituzioni locali si dimostrano ben zelanti nell'applicazione della legislazione antisemita, per esempio provvedendo a «dispensare dal servizio», ossia a cacciare dal loro impiego, i tre funzionari alle dipendenze del Comune di Vercelli: i professori dell'istituto tecnico Giuseppe Leblis ed Eugenio Treves, l'impiegato di prima classe Salvatore Verona. Solo Leblis continua a insegnare, ma nell'unico posto disponibile: all'asilo ebraico, dove vengono raccolti gli studenti espulsi da tutti gli istituti della città. Infatti, l'esclusione dalla scuola di bambini e ragazzi è il primo provvedimento antisemita adottato dal fascismo. A Vercelli sono pochi ed è difficile, come consente la legislazione antisemita, avere un minimo di dieci allievi per costituire una sezione a parte. Alla fine il numero sufficiente viene raggiunto: non si tratta però di studenti della stessa età, cosicché – come avviene anche ad Ancona, Padova, Napoli – uno stesso professore insegna a ragazzi con preparazione ed esigenze profondamente diverse. È appunto Leblis, insieme alla maestra Sansonina Gallico, a occuparsene. Dario Colombo ricorda: «Lì venivano tenuti dei corsi un po' misti, in quanto si faceva lezione sia ai bambini che facevano le elementari, sia a quelli che facevano le medie o si preparavano per gli esami, perché gli esami erano consentiti, gli esami di Stato si potevano dare, si preparavano, privatamente, quei pochi ragazzi ebrei che allora frequentavano quest'asilo che, ripeto, è stato aperto fino all'8 settembre '43, quando sono arrivati i tedeschi, mai più riaperto dopo la guerra».

Nell'estate del 1943 a Vercelli gli ebrei sono poco più di 120. Giunti nel capoluogo, i tedeschi sistemano il comando e nel mese di ottobre ne stabiliscono uno anche a Biella. Alle umiliazioni e all'isolamento che dal 1938 li hanno colpiti, si aggiunge per gli ebrei la paura di un futuro che ha il volto dell'occupante. Restare in una città che li ha progressivamente esclusi, indeboliti e cancellati dalle relazioni pubbliche o private, oppure andarsene? Di fatto, gli arresti dei primi ebrei già a settembre rendono chiarissima la volontà tedesca. A essere prese sono due donne, Olga Franchetti e Delia Segre. Quest'ultima ha cinquantatré anni, è la vedova di Emanuele Maroni, ha trascorso l'estate in valle Cervo ed è rientrata a Vercelli proprio nei giorni in cui i tedeschi la occupano. Nonostante le insistenze del genero Aldo Cingoli, Delia decide di non lasciare la città perché, gli dice, è convinta che non le può accadere niente: da sempre donne, vecchi e bambini sono inutili agli eserciti, sono gli uomini che vengono rastrellati e condotti via. Il 27 settembre gli agenti della questura entrano a casa sua, l'arrestano e non le consentono neanche d'indossare un cappotto. Mentre una camionetta la conduce via, altri poliziotti rimangono nell'appartamento con l'ordine di arrestare chiunque si presenti. La tragedia della famiglia Segre però non si conclude con Delia, deportata ad Auschwitz, da cui non tornerà: anche il cognato Benvenuto Colombo e suo figlio Mario sono arrestati, esattamente un mese dopo, a Torino (e uguale sarà il loro destino di morte nel Lager polacco), mentre la madre di Delia, Sofia Segre Amar, si toglie la vita in una casa di riposo di Torre Pellice dov'è sfollata.

Olga Franchetti è invece tra la donne più povere della comunità vercellese: è molto malata e viene arrestata all'ospedale dov'è andata ad assistere un'amica in gravi condizioni, Sara Debora Verona, a cui rimangono pochi giorni di vita. I medici convincono i fascisti a non portarla via, mentre Olga viene caricata su una camionetta e condotta in questura. Anche per lei la destinazione è Auschwitz, dove viene uccisa all'arrivo, il 6 febbraio 1944.

La sede della Comunità ebraica a Vercelli è in via Foa, 43, ma i fascisti l'hanno ribattezzata via XVII Novembre, la data dell'emanazione delle leggi razziali. I tedeschi la sequestrano immediatamente e il tempio viene trasformato in un magazzino. Non mancano le distruzioni – come i lampadari antichi presi a fucilate – o il furto dell'argenteria sacra. Nel corso del 1944 il capo della Provincia sequestra anche i beni della Comunità, e mentre si appresta a confiscarli chiede alla direzione generale per la demografia del ministero dell'Interno se il patrimonio librario debba essere conferito alla biblioteca comunale o a un altro ente. Inizia una lunga discussione e alla fine, nel febbraio 1945, si decide che debba appunto essere depositato presso la locale biblioteca, dato che probabilmente ciò che ha interessato l'Ispettorato per la razza è poter disporre dei registri con i nomi degli ebrei, utili per cercarli e arrestarli.

Nel complesso, i deportati dalla provincia di Vercelli sono 28 (metà stranieri), di cui 12 nel Vercellese, 11 del Biellese e 5 dalla Valsesia. È un numero che sale a 55 se si considerano tutti coloro che per nascita sono vercellesi ma arrestati in un luogo diverso dell'Italia. Nei primi giorni di dicembre, gli arrestati a Vercelli sono condotti nel campo di concentramento provinciale istituito dalla Repubblica Sociale nella cascina di Aravecchia.

LA CASCINA ARAVECCHIA

Il 4 dicembre 1943, il capo della Provincia di Vercelli Michele Morsero decide di utilizzare la cascina Aravecchia, di proprietà comunale, tra le attuali vie Cavalcanti e Colombo (è stata demolita diversi anni fa) come campo di concentramento provinciale. Dà quindi disposizioni sia al questore («l'azione nei confronti degli ebrei deve essere sollecita e condotta con massima diligenza e severo criterio») sia al podestà affinché venga approntato tutto il necessario. Il 9 dicembre Morsero stabilisce che i podestà della provincia provvedano ad apporre i sigilli alle case degli ebrei. Il 18 dicembre il podestà di Vercelli assicura il capo della Provincia che entro qualche giorno tutto sarà pronto per ospitare gli ebrei nella cascina. La responsabilità del campo è affidata a un ufficiale di pubblica sicurezza, Giulio Panvini Rosati, che nel dopoguerra avrebbe aiutato la moglie e la figlia a realizzare i falsi diari di Mussolini. «Fu scelto», testimonierà Panvini Rosati, «un locale assai spazio-

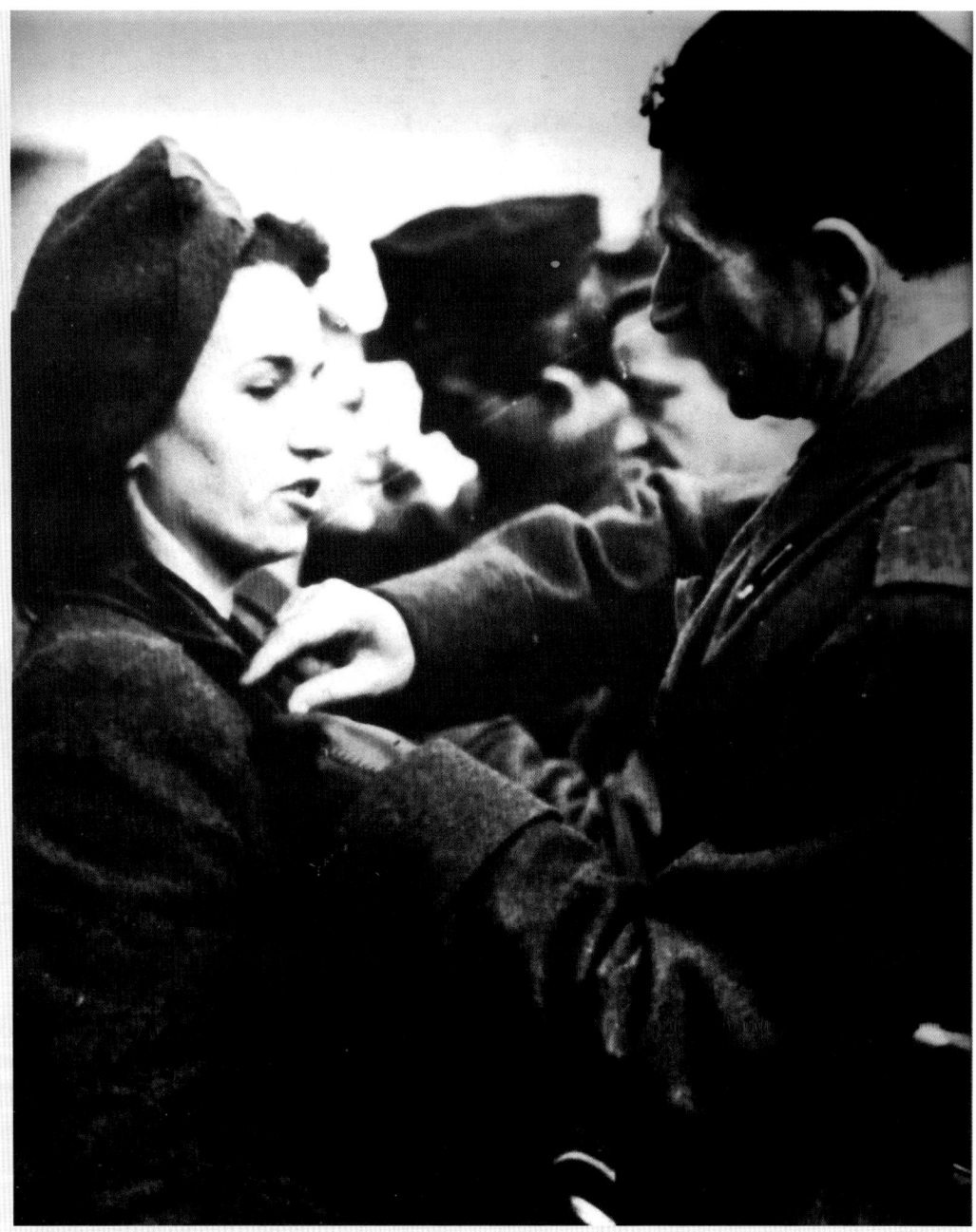

Michele Morsero in uno scatto del 1944.

so all'Ara-Vecchia, in campagna, che fu ammobiliato con brande, scaffali e fornito di lenzuola, coperte ed utensili da cucina».

Gli internati sono nel complesso 15, di cui 11 austriaci. Tra questi i componenti della famiglia Weiss: Desiderio, Irma, Hilda e Alfredo. Provenienti da

Vienna, sono giunti a Livorno Ferraris nel 1943, ma prima della caduta del fascismo. Sono stati costretti ad abbandonare la capitale austriaca – dove Desiderio aveva una macelleria – dopo l'emanazione della legislazione razziale. Spostatisi in Croazia, hanno scelto in seguito il Piemonte forse perché vi risiede un fratello della moglie Irma. A Livorno si sa della loro presenza, che però gli uffici comunali non segnalano. Così Desiderio può lavorare in una segheria, Irma come bustaia, la figlia Hilda (che ha sedici anni) come sarta. Lei e Alfredo fanno amicizia con i coetanei, e i testimoni ricordano gli abbracci con i compagni quando i carabinieri vanno ad arrestarli e li conducono ad Aravecchia. Alfredo riesce però a nascondersi, pare – sempre secondo la memoria di Panvini Rosati – nell'ospizio di Carità di via Garrone. Sarà l'unico a sopravvivere della sua famiglia.

Gli internati nella cascina – destinata a ospitare reparti della Guardia Nazionale Repubblicana – sono spostati in seguito alla casa di riposo Vittorio Emanuele III in piazza Mazzini, nel centro di Vercelli. Scriverà ancora Panvini Rosati: «Trascorse del tempo allorché un brutto giorno fui chiamato dal Questore che presentatomi un Maresciallo tedesco, mi ordinò di consegnargli gli ebrei. Fu un colpo di fulmine per quei disgraziati che, con le lagrime agli occhi, si accinsero a fare fagotto della loro roba, bene immaginando la fine che era loro riservata». Sono 12 gli ebrei deportati dai tedeschi. Gli altri 3 – alloggiati altrove – riescono a salvarsi.

Tra le prime ad esservi portata è la sessantaseienne Adele Carmi. In ottobre, insieme ad altre nove persone viene fermato Silvio Jaffe – indicato dal mattinale della questura come «ebreo antifascista» – poi rilasciato e arrestato di nuovo il 20 marzo 1944 «per essere inviato al campo di concentramento». La famiglia Jona – il sessantaseienne Felice, la moglie Regina Segre di cinquantacinque anni e la figlia Enrichetta di venticinque – è arrestata a Varallo Sesia il 19 maggio 1944. Gli Jona sono stati nascosti a lungo, trovando protezione e appoggi, anche da parte del podestà locale che ha procurato loro tessere e documenti falsi. Tutti e tre sono inviati a Fossoli e poi, nel giugno 1944, ad Auschwitz. Nessuno di loro sopravvive, e così anche la cinquantatreenne Annetta e il sessantottenne Giuseppe, fratelli di Felice, arrestati a Torino nel marzo 1944 e uccisi nel

Lager polacco. Altri vercellesi sono catturati in differenti località e deportati, come Jole Foà, ex segretaria del ras fascista Roberto Farinacci, o il settantenne presidente della Comunità ebraica di Vercelli Giuseppe Leblis, fuggito dalla città all'arrivo dei tedeschi, arrestato in provincia di Torino, inviato nel carcere delle Nuove e infine deportato da Milano. Leblis è nascosto con altri parenti, tra cui la nipote Laura Ravenna di dieci anni, nella parrocchia del paesino di Mocchie e sta preparando la fuga in montagna, perché le voci che i tedeschi si avvicinano sono sempre più insistenti. Laura ricorda il 20 dicembre 1943: l'arrivo di un camion di tedeschi, il fermo di tutti gli uomini, la paura che il padre e lo zio non tornino. Invece suo papà rientra a casa, perché i suoi documenti passano al controllo dei tedeschi: «Allo zio hanno chiesto se era ebreo, ha risposto 'Sì' in quattro lingue… perché era stanco, aveva la flebite, la cataratta, insomma, quando uno è stanco, anche fisicamente, non ha più voglia di lottare e allora l'hanno fermato».

JOLE FOÀ, LA SEGRETARIA DI FARINACCI

È l'estate del 1938 e la campagna antisemita sta crescendo d'intensità. Da lì a poche settimane verrà realizzato il censimento degli ebrei italiani e nell'autunno saranno emanate le leggi razziali. Il 4 giugno Ciano incontra Mussolini, furioso con Farinacci perché, scrive nel suo diario, pur essendo il «capo della corrente antisemita ha una segretaria ebrea». Ciò che preoccupa Mussolini è che «gli stranieri possono in un fatto simile riconoscere una prova della poca serietà di carattere di molti italiani». Il ras cremonese decide allora di licenziare in tronco la sua segretaria, Jole Foà, nata a Vercelli il 16 novembre 1890 da Tobia Sansone ed Eleonora Tedeschi. Quando la donna si è trasferita a Milano ha trovato appunto lavoro nell'ufficio milanese di Farinacci, ed è rimasta con lui per molti anni. Il suo destino è segnato dal tentativo di raggiungere la Svizzera per mettersi in salvo: il 20 dicembre 1943 viene arrestata a Lanzo d'Intelvi, vicino a Como. Trasferita a San Vittore e in seguito a Fossoli, viene deportata ad Auschwitz il 5 aprile 1944. Non è noto il luogo della morte, avvenuta comunque all'inizio del 1945.

L'unico ebreo biellese a essere deportato è il ventinovenne Giuseppe Weinberg, figlio di Michele, che gestisce una tipografia – intestata al genero che è cattolico – e che continua a lavorarvi pur essendosi trasferito per sicurezza con la famiglia a Sordevolo. Il 14 giugno 1944 Giuseppe viene fermato e trasferito prima a Vercelli, poi a Torino. Parte il 2 agosto 1944 per Auschwitz, dove muore l'11 novembre.

Con alterne fortune, molti cercano di mettersi in salvo fuggendo in Svizzera: bisogna avere i soldi per pagare le guide, fidarsi senza conoscere le persone a cui si consegna il proprio destino e quello della famiglia, compiere percorsi difficili e faticosi, soprattutto se vi sono bambini e anziani. La possibilità di essere venduti dalle guide, finire casualmente nelle mani di guardie confinarie, essere mandati indietro dagli svizzeri, è altissima. La maggior parte decide di nascondersi rimanendo in Italia, affidandosi a reti di amicizie, a rapporti che sono sopravvissuti alla lunga fase di isolamento, alla fortuna che gioca sempre un ruolo non secondario. Ha fortuna l'avvocato vercellese Vittorio Cingoli, che prima viene aiutato dal direttore di una filatura di Trivero, che lo nasconde nella sua casa di Arezzo, e poi, scoperto il suo nascondiglio, riesce a raggiungere la Svizzera. Dimostra una grande capacità di interpretare i fatti che stanno avvenendo la madre di Dario Colombo, che già il 13 settembre 1943 lascia Vercelli con la famiglia e convince anche gli amici Segre, in verità assai incerti, a seguirli. Attraversano la stazione di Vercelli piena di tedeschi e salgono su un treno che li conduce a Varallo. Ospitati da un ferroviere, entrano in seguito in contatto con un sacerdote che li aiuta a ottenere documenti falsi. Grazie a questi i Colombo raggiungono la Svizzera (ma i Segre non li seguono). «Con una marcia di diciassette o diciotto chilometri», è sempre Dario Colombo a testimoniare, «che è avvenuta in, grosso modo, sei ore [...] abbiamo passato la frontiera, dopo aver fatto un varco nella rete metallica, con l'arrivo dei tedeschi e sparatoria da parte dei contrabbandieri e dei soldati alleati. [...] Siamo entrati tutti attraverso questo buco, anche i contrabbandieri, perché non hanno più osato tornare indietro, e ci siamo presentati [...] in località Stabbio alla gendarmeria cantonale svizzera.» Anche i Segre si salvano, aiutati dallo stesso sacerdote e da un cassiere del Banco di Sicilia che li nasconde nella sua casa a

Torino. Altri ebrei sono nascosti negli istituti religiosi, come tre donne accolte dalle suore Maddalene di Vercelli nell'autunno del 1943. Protezione agli ebrei viene offerta anche dalle suore della carità di Sant'Antida, dal convento delle Maddalene, dall'istituto San Giuseppe, da singole parrocchie.

Un macabro avvertimento lasciato da militi della Tagliamento: «Ne abbiamo fucilati dieci e siamo disposti a fucilare tutto il paese». Unità militare del regno d'Italia, la 63ª legione d'assalto «Tagliamento» si unisce alla 2ª Divisione paracadutisti tedesca all'indomani dell'armistizio di Cassabile, prima ancora che venga costituita la Repubblica Sociale Italiana. In seguito rinominata 1ª Divisione d'assalto «M» Tagliamento inquadrata nella Guardia Nazionale Repubblicana, è inviata prima sugli Appennini (rastrellamento di angloamericani fuggiti dai campi di prigionia), poi a Brescia e, dal novembre 1943, nel Vercellese. Minaccia di giustiziare dieci ostaggi per ogni milite ucciso: minaccia attuata a Borgosesia il 22 dicembre a seguito dell'uccisione di due componenti della legione il giorno precedente.

DUE LAPIDI
PER RICORDARE

Nel 1946, nell'antico cimitero ebraico di Vercelli, in corso Randaccio, viene posta una lapide che ricorda i 14 deportati del capoluogo. La cerimonia avviene alla presenza del presidente della Comunità Mario Debenedetti e del rabbino Gustavo Calò (lo è diventato proprio quell'anno, dopo esserlo stato a Verona, Corfù, Bengasi, Pitigliano, Mantova) che recita le preghiere. È presente anche il rabbino di Firenze Jehoshua Ugo Massiach. Le parole che vi si leggono sono state scritte da Calò: «Pregando per la beatitudine eterna delle anime dei vostri cari ricordate le anime sante purificate dal fuoco del sacrificio delle vittime della ferocia nazista».

Una nuova lapide (intitolata *Ebrei che, deportati ad Auschwitz, non sono più tornati*) viene scoperta sulla parete esterna del municipio della città il 25 aprile 1990, e vi sono riportati i nomi degli ebrei vercellesi deportati, a cui si aggiungono quattro biellesi e uno di Novara. Quest'ultimo è Giacomo Diena, mentre i biellesi sono Augusta Nissim, Ada Vitale Ovazza, Elvira Vitale Ovazza, Giuseppe Weimberg. I 14 vercellesi sono Jole Foà, Leonardo Franchetti, Olga Franchetti, Annetta Jona, Enrichetta Jona, Felice Jona, Giuseppe Jona, Gina Jona Segre, Giuseppe Leblis, Delia Maroni Segre, Edvige Norzi Ottolenghi, Guido Norzi, Enrichetta Ottolenghi e Adele Tedeschi Carmi.

CAPITOLO 7

EBREI E RESISTENZA

Nascondersi, fuggire o entrare nelle file della Resistenza: sono queste le alternative che hanno di fronte gli ebrei quando i tedeschi e i fascisti iniziano a rastrellarli e la Repubblica Sociale dichiara nel congresso di Verona del novembre 1943 che sono stranieri e appartenenti a nazionalità nemica, facendo seguire l'ordine di arrestarli e rinchiuderli in campo di concentramento. Come tutti gli altri italiani, dopo l'8 settembre gli ebrei si trovano davanti a una scelta, certo condizionata e indirizzata dai cinque anni di «persecuzione dei diritti» a cui sono stati sottoposti e ai pericoli per le loro vite che iniziano a concretizzarsi. Ha quindi una sua parte di verità il fatto che la lotta di liberazione per gli ebrei italiani rappresenta una risposta alla frattura nella storia nazionale determinata dalle leggi razziali del 1938, e un tentativo di riconnettere la riconquista della libertà e la vicenda secolare dell'emancipazione. Ed è altrettanto vero, come ha scritto Michele Sarfatti, che le bande partigiane (e quindi i partiti collegati ad esse), accettando al loro interno gli ebrei, danno un segno inequivocabile, ossia ripristinare «la vicenda storico-nazionale italiana che il fascismo e la monarchia avevano spezzato e calpestato con la legislazione del 1938». Tuttavia, bisogna fare attenzione ad attribuire un'eccessiva importanza a questo aspetto. Negli anni del regime e durante la Resistenza, gli ebrei non si comportano in modo diverso dagli altri italiani. Nelle maggioranze silenziose o vocianti quanto nelle minoranze ribelli e coraggiose, gli ebrei italiani – integrati e secolarizzati – hanno atteggiamenti uguali a quelli dei loro concittadini, sebbene si possa dire, per molte ragioni – prime tra tutte appunto quelle legate alle persecuzioni subite dal fascismo – che sono un po' più antifascisti degli altri. Non si può invece sostenere che esista una sorta di naturalità nell'opposizione degli ebrei al fascismo, che sfocerebbe di conseguenza nell'azione di una consistente minoranza di questi alla guerra di liberazione, così come lo era già stata durante il Risorgimento e la prima guerra mondiale.

Il numero di ebrei che prende parte alla resistenza è difficilmente accertabile, sia per la difficoltà di attribuire la qualifica di ebreo sia a causa degli imprecisi confini della cosiddetta resistenza civile. Tuttavia, secondo un calcolo ragionevole, gli ebrei italiani che partecipano direttamente alla guerra di liberazione – cioè coloro che fanno parte di bande partigiane oppure delle missioni alleate o ancora delle truppe che risalgono l'Italia – raggiungono circa il migliaio, mentre i caduti sono 97. Se si calcola che con tutta probabilità i partigiani raggiungono le cifre di 80.000 nell'estate del 1944, di 130.000 alla vigilia dell'insurrezione e di 250.000 all'indomani della Liberazione, e se si valuta che la progressione della presenza ebraica sia analoga, in percentuale quest'ultima apparirebbe in buona sostanza in media con quella degli altri italiani. Se però si considera che il numero effettivo di partigiani combattenti nella primavera del 1945 non è superiore ai 100.000, allora la percentuale di ebrei risulta ben al di sopra di quella media. Difficile comunque definirne con precisione la composizione interna, ma il caso piemontese – studiato da Viviana Ravaioli – fornisce alcune indicazioni preziose. Su un campione di 179 ebrei che partecipano alla Resistenza e che chiedono nel dopoguerra il riconoscimento partigiano (su un totale di 91.847), il quadro che ne emerge mette in luce innanzitutto una sostanziale uniformità rispetto alle caratteristiche tradizionali del gruppo ebraico piemontese in termini professionali e di rappresentanza delle specifiche comunità locali. La maggioranza proviene dalla provincia di Torino, dove più è numerosa la presenza ebraica, una quota significativa da quella di Alessandria (in ragione soprattutto della consistenza della comunità di Casale) e in dimensione minore da quella di Cuneo. Ventiquattro sono di altre regioni e diversi sono stranieri, per lo più provenienti dalla Francia dopo l'armistizio e appartenenti al gruppo che viene in parte internato a Borgo San Dalmazzo. Un secondo elemento è relativo a un'età appena superiore alla media, ma comunque con un gruppo maggioritario che si colloca tra i 16 e i 27 anni. Infine, si registra un'adesione decisamente più consistente alle formazioni di Giustizia e Libertà, corrispondente al 33,5 percento del campione, un valore identico rispetto alle Garibaldi e superiore alle Autonome con il 21,4 percento, ma assai differente in relazione al quadro piemontese nel suo complesso (50,4 percento per le Garibaldi, 16,4 percento per le Giustizia e Liberta e 21,5 percento per le Autonome).

All'interno del gruppo ebraico, lo spettro delle motivazioni e dei comportamenti è estermamente articolato. Giorgio Diena immagina subito dopo l'8 settembre di costituire a Torino una forza per opporsi in modo diretto e immediato ai tedeschi. Per Vittorio Foa è il naturale corollario della sua lunga storia di antifascismo vissuta a lungo nelle carceri del regime, ma è anche l'incontro con altri giovani che sentono l'impellente bisogno di fare qualcosa. L'8 settembre Foa è a Torino e ha l'immediata impressione che allo sfascio così visibile corrispondano le immense opportunità che si aprono per ognuno: «Il bisogno di diventare responsabili, il sapere che si doveva fare qualche cosa, organizzare qualche cosa», come avrebbe testimoniato in seguito. Quella sera Foa è a casa di Ada Gobetti, in via Fabro, caratterizzata da una enorme confusione di persone e di discorsi. A un certo punto gli si accosta Giorgio Diena e gli dice: «Guarda gli occhi dei giovani, guarda gli occhi dei ragazzi!», e gli indica sua sorella Marisa, Paolo Spriano, Paolo Gobetti. «E in quegli occhi», ha ricordato Foa «si vedeva un calore umano senza precedenti, non la confusione, ma il senso di responsabilità del dramma che si viveva e il bisogno in qualche modo di determinarsi, il bisogno di fare delle scelte».

Giulio Bolaffi prima crea nella valle di Lanzo una rete clandestina per aiutare ebrei ed antifascisti, poi prende le armi quando si rende conto che, al crescere della pressione nazista, costituisce l'unico modo per difendere i suoi cari e la libertà (e darà vita alla IV divisione GL). Per lui, nel suo *Diario partigiano*, Ada Gobetti ha usato parole che ne tratteggiano il carattere esemplare: «In fondo non aveva altra colpa che di essere ebreo e poteva benissimo, come mille altri, nascondersi in qualche angoletto tranquillo, cosa che i suoi soldi gli avrebbero certamente permesso. Invece ha preferito mettersi allo sbaraglio, organizzare un gruppo di partigiani in Val di Lanzo». Parole che possono valere per la maggior parte degli ebrei che partecipano alla Resistenza ma forse, più in generale, si adattano a quei settori della borghesia italiana che hanno il coraggio di sottoporre a critica il mondo nel quale sono cresciuti e rischiare qualcosa di proprio.

Augusto Segre ha l'immediata percezione che sugli ebrei si scatenerà

«Attenzione, pericolo di bande.» È l'estate del 1944 e il cartello è posto all'uscita di Torino [Archivio Istoreto].

la violenza nazista e attraversa le strade di Asti avvertendo i correligionari («noi siamo italiani, siamo in Italia, non abbiamo mai fatto niente di male, non abbiamo nessun conto con la giustizia, chi può toccarci?», gli rispondono); avvertito poi da un carabiniere che lo arresterà se non fugge, entra nelle formazioni partigiane. Per altri, come Primo Levi e Luciana Nissim, la tensione etica si unisce a impreparazione e ingenuità, all'interno di una brevissima esperienza resistenziale con conseguenze tragiche. Quando viene arrestato, Levi preferisce dichiarare di essere ebreo, convinto, come scrive in *Se questo è un uomo*, che «l'ammettere la mia attività politica avrebbe comportato torture e morte certa».

«A NOI FU DATO IN SORTE QUESTO TEMPO»

È innanzitutto una storia d'amore e d'amicizia – come ha scritto Alessandra Chiappano, che ne ha ricostruito il denso intreccio nella mostra *A noi fu dato in sorte questo tempo* – ed è la storia di un gruppo di giovani, per la maggior parte ebrei. Sono ragazzi e ragazze, che studiano e amano la montagna, che iniziano a stringere relazioni – di quelle che se la morte non le attraversa, durano tutta la vita – al tempo delle leggi razziali. Frequentano la biblioteca della Comunità ebraica di Torino e si chiamano Emanuele Artom, Luciana Nissim, Vanda Maestro, Primo Levi, Eugenio Gentili Tedeschi, Giorgio Segre, Franco Momigliano, Giorgio Diena, Ada della Torre, Silvio Ortona, Alberto Salmoni, Bianca Guidetti Serra, Lino Jona. Alcuni di loro nel dopoguerra segneranno la storia della cultura italiana e dell'impegno politico e civile, ma in quei mesi sono giovani che si appassionano, leggono e discutono, cercano un riscatto individuale e morale rispetto a un'Italia fascista che non amano e che per molti di loro ha significato la ferita delle leggi razziali, l'esclusione che ne è derivata, l'umiliazione dell'isolamento.

Quasi tutti partecipano alla Resistenza, alcuni di loro finiscono in Lager e solo due tornano. Primo Levi e Luciana Nissim sono arrestati in Valle d'Aosta ad Amay, vicino a Saint-Vincent, il 13 dicembre 1943 insieme a Vanda Maestro. Pensando che sia più pericoloso dichiararsi partigiani dicono che sono ebrei, trascorrono un mese nella caserma di Aosta e poi sono trasferiti a Fossoli. Dal campo di transito vicino a Carpi partono per Auschwitz. Primo viene internato a Monowitz con Franco Sacerdoti (arrestato in val di Lanzo) e vede l'arrivo delle truppe sovietiche il 27 gennaio 1945. Luciana viene trasferita nell'agosto 1944 in un sottocampo di Buchenwald, dove viene liberata dagli americani nell'aprile 1945. Vanda è inviata alle camere a gas di Birkenau nell'ottobre 1944. Non torna neanche Franco Sacerdoti, morto durante l'evacuazione di Auschwitz.

Momigliano, Segre e Artom sono in val Pellice. Artom viene arrestato nel corso di un rastrellamento e dopo giorni di sevizie muore nel carcere di Torino. I primi due, invece, riescono a fuggire. Franco Momigliano – che nel dopoguerra sposerà Luciana Nissim – viene in seguito preso e condotto a Milano, a San Vittore, e quando sta per essere deportato sono Vittorio Foa e la moglie a organizzarne la fuga. Alberto Salmoni combatte nel Canavese e in val Susa in una formazione di Giustizia e Libertà (la stessa di Ada Gobetti), poi in val Chisone. Nella «rossa primavera» partecipa alla liberazione di Torino, occupando la caserma di via Asti e poi prendendo il controllo,

Primo Levi nel 1979 al Premio Strega, che vince con La chiave a stella *[ANSA/Farabola].*

Luciana Nissim.

è invece partigiano in Val d'Aosta, nella valle di Cogne. Giorgio Segre è nelle formazioni partigiane in val Pellice, soprattutto in qualità di medico, e stringe una forte amicizia con Emanuele Artom, che parla di lui più volte nel suo diario.

In val Pellice e nelle formazioni Giustizia e Libertà combatte all'inizio anche Giorgio Diena, poi spostatosi nelle valli Chisone e Varaita, diventando commissario politico. Lino Jona, invece, non vede l'alba della Resistenza. È di Asti ma frequenta il Politecnico di Torino, dove si laurea. Si prodiga per aiutare gli ebrei stranieri che sono internati nei paesi dell'Astigiano, ma visitando uno di questi si ammala di tubercolosi fulminante e muore nel dicembre 1942.

su ordine di Giorgio Agosti, delle carceri Nuove. Nel dopoguerra Alberto sposerà Bianca Guidetti Serra, che durante la Resistenza organizza a Torino i «Gruppi di difesa della donna e di assistenza ai combattenti della libertà», collabora con Ada Gobetti e fa da tramite fra gli amici ebrei nascosti o internati.

Ada Della Torre è una staffetta partigiana e aiuta Silvio Ortona, al quale si unirà in matrimonio dopo il 1945, nella 2ª Brigata Garibaldi di cui lui è comandante e uno dei fondatori. Eugenio Gentili Tedeschi

Non si possono escludere percorsi più convintamente ebraici. Se spesso appaiono come il risultato di una volontà di affermazione di un valore universale e religioso (la difesa della libertà della giustizia da parte del popolo di Israele), oppure di una continuità tra partecipazione ebraica al Risorgimento e alla Resistenza come carta d'identità della propria integrazione, o ancora il coerente rapporto tra la formazione personale democratica e antifascista e i comportamenti nei mesi della lotta di liberazione.

Diverse testimonianze sottolineano come l'aperta dichiarazione della propria appartenenza ebraica possa suscitare, nelle formazioni partigiane, tanto simpatia e rispetto quanto indifferenza verso un'identità a cui molti giovani, specie delle valli, non sono in grado di attribuire un contenuto. Aldo Melli, che ha quindici anni nel 1943 e fa parte della 43ª brigata De Vitis ha testimoniato che nelle formazioni partigiane «il problema ebraico era poco noto, ma i pochi che lo conoscevano avevano simpatia per gli ebrei». Il fatto è che la persecuzione nei confronti degli ebrei, le violenze perpetrate nei loro confronti e le minacce, realizzate o meno, di deportarli, costituiscono un elemento che nel periodo della lotta di liberazione s'inquadra in una più complessiva condanna dei crimini nazisti e fascisti, rinviando la loro soluzione e il necessario risarcimento all'indomani della lotta vittoriosa. Pochi, peraltro, possono avere all'epoca la consapevolezza della rottura che, sul piano della cittadinanza, ha rivestito la legislazione razziale. Nella generazione dei giovani che combattono la Resistenza, ciò che è accaduto nel 1938 rappresenta per i più un evento che si colloca nell'adolescenza quando non nell'infanzia, e la sua conoscenza, nel migliore dei casi, prende il volto dell'esperienza personale legata alla sparizione improvvisa di un compagno di classe. Un numero limitatissimo, poi, è in grado d'intravedere il pericolo reale che le deportazioni nascondono. Né, ancora, la persecuzione e i pericoli che corrono gli ebrei possono costituire una priorità all'interno delle singole formazioni dove la stessa discussione politica lascia il posto alle esigenze quotidiane e pressanti, legate alla sopravvivenza, all'approvvigionamento, alle azioni di attacco e di disturbo del nemico. D'altra parte, anche per gli ebrei la conoscenza dei pericoli che l'occupazione tedesca e la nascita della Repubblica Sociale comportano è progressiva. Le notizie delle prime uccisioni (soprattutto la strage sul Lago Maggiore di 54 ebrei compiuta dai nazisti tra il 15 e il 23 settembre 1943) e delle prime deportazioni (come quella dei 329 ebrei stranieri da Borgo San Dalmazzo) non circolano, ed è soprattutto l'ordine del 30 novembre 1943 della Repubblica Sociale di arrestarli e internarli in campo di concentramento che costituisce per la maggioranza il segno di un crescendo della persecuzione e della necessità di una scelta.

EMANUELE ARTOM
E LA MORALITÀ ARMATA

«È bello vedere in questa vita partigiana come si fa rapidamente amicizia», scrive il 23 febbraio 1944 Emanuele Artom nel suo diario. Sono le ultime righe di un documento straordinario che racconta, senza retorica, la vicenda di un'esperienza partigiana densa appunto di amicizie ma anche di conflitti e tensioni, politici e personali, soprattutto di una lenta e progressiva consapevolezza della propria scelta nella ricerca di una moralità capace di distinguere il fondamento delle ragioni di chi, come i partigiani, sta dalla parte giusta e di chi, i fascisti, ha scelto quella sbagliata. E stare dalla parte giusta significa anche rigettare ogni opportunismo, quello per esempio che il 29 luglio 1943 gli fa scrivere, dopo la fuga del segretario del fascio di Moriondo («a quanto si dice, una canaglia») e il saccheggio della sua casa da parte di un centinaio di persone: «Furto e vendetta. Certe manifestazioni giustificabili nel primo giorno, sono ancora più vili nel terzo. Un tale stava bruciando una giacca; io mi sono avvicinato per toglierla, ma la mamma mi ha trattenuto». Il suo impulso verso una moralità armata diventa azione pochi mesi dopo.

Quando scrive queste note, Emanuele non ha ancora compiuto ventinove anni. È nato infatti nel giugno 1915 in una colta famiglia borghese ebraica di Torino. Cresce in un ambiente stimolante, alimentato dall'incontro con Augusto Monti, suo insegnante al liceo D'Azeglio,

Un ritratto di Emanuele Artom [Archivio Istoreto].

e dalle lezioni universitarie di Santorre Debenedetti. Scrive racconti e si appassiona alla storia, prima quella antica poi il Risorgimento. Entra in contatto con la casa editrice Einaudi e con Cesare Pavese. Organizza un circolo culturale ebraico e nel 1938, colpito dalle leggi razziali un anno dopo essersi laureato, inizia a insegnare alla scuola ebraica. È grazie a Giorgio Diena che Emanuele si avvicina all'antifascismo e a Giustizia e Libertà, e dopo l'8 settembre aderisce al Partito d'Azione. Il suo diario è anche una vivida testimonianza di Torino in guerra, della vita quotidiana e soprattutto della descrizione dei bombardamenti che nell'autunno 1942 investono la città.

Nel novembre 1943 avviene la sua scelta partigiana, nelle valli valdesi. Commissario politico delle formazioni azioniste in val Pellice e in val Germanasca, il 21 marzo viene investito dall'offensiva tedesca che risale le valli piemontesi. Mentre cerca di trovare salvezza in val Pellice attraverso il col Giulian, il 25 marzo è sorpreso da una pattuglia di SS insieme ad altri compagni. Prostrato dalla fatica si lascia catturare, insieme a Ruggero Levi, e viene condotto alla caserma di Airali. Riconosciuto come commissario ed ebreo, inizia a subire la prima di molte violenze che segnano i suoi ultimi giorni. Interrogato e torturato più volte, messo alla berlina insieme ad altri partigiani arrestati perché ebreo (è costretto a cavalcare un mulo, guidato da Walter «Zanzara» Rossi), il 31 marzo viene portato alla carceri Nuove di Torino, dove muore il 7 aprile. Il suo corpo, sepolto di notte e di fretta da due compagni nel parco di Stupinigi, non è mai stato trovato.

WALTER ROSSI

«Zanzara» è il suo nome di battaglia, per l'altezza e il fisico magro, ma si chiama Walter Rossi, è di Torino, di famiglia ebraica, e non ha ancora compiuto vent'anni quando entra a far parte della 105ª Brigata Garibaldi. Viene catturato in val Pellice il 26 marzo 1944 mentre assiste i feriti nell'infermeria vicino a villa Vasari. Sono molti i partigiani catturati in quei giorni nelle valli torinesi, e vengono mostrati come trofei. I nazisti conducono davanti ai prigionieri alcuni fotoreporter tedeschi delle riviste *Signal* e *Adler*, i quali – come scrive Nicola Adduci – «iniziano a scattare fotografie per la propaganda che irridono i partigiani catturati, attraverso una ridicolizzazione dei temi della Pasqua cristiana ormai prossima: Emanuele Artom che è stato individuato come ebreo, per schermo viene costretto a cavalcare un mulo le cui briglie sono tenute da 'Zanzara', anch'egli di famiglia ebraica». I ribelli sono condotti alle Nuove di Torino e quando in città, il 30 marzo, viene ucciso dai Gap un caporale della contraerea tedesca, i nazisti reagiscono con una durissima rappresaglia che coinvolge anche i prigionieri appena catturati. All'alba del 2 aprile 1944, 27 partigiani e civili vengono prelevati dal carcere, condotti al Pian del Lot, in collina, poco al di sotto del colle della Maddalena, e fucilati a gruppi di quattro. Nella sua memoria sui fatti avvenuti, l'unico testimone sopravvissuto, Giovanni Borca, ha raccontato: «Finito l'eccidio noi fummo obbligati a ricoprire la fossa. Ed essi ancora non erano morti; gemevano e fra tutte si sentiva la voce di Rossi Walter che chiamava: 'Mamma! Mamma!'»

I GIUSTI PIEMONTESI

Se la responsabilità della Repubblica Sociale nella deportazione degli ebrei dall'Italia appare evidente – complice degli arresti, attiva nella legislazione antisemita e nella costruzione degli strumenti necessari per concentrare e condurre uomini, donne e bambini nel Lager nazisti – moltissimi altri italiani sono spettatori silenziosi, a volte ignari, spesso spaventati per se stessi, in tante occasioni consapevoli di girare gli occhi da un'altra parte.

Non tutti si comportano così, anzi non sono pochi coloro che si attivano per aiutare e nascondere gli ebrei in fuga, mostrare la propria vicinanza e solidarietà alle migliaia di persone che cercano di sfuggire alla deportazione e alla morte. Il silenzio è già una forma di partecipazione, significa non schierarsi dalla parte di chi vorrebbe una complicità attiva, una sistematica denuncia e delazione che elimini ogni spazio e speranza per chi fugge. Ma il silenzio non è spesso sufficiente per chi ha bisogno di nascondigli, documenti, cibo, riparo dal freddo. Viene dunque offerta ospitalità temporanca o si cerca chi può offrirla, a volte per tutto il periodo della guerra: in casa propria, in un'altra abitazione di proprietà, in una cantina; si offrono cibo e riparo per singoli o gruppi di persone che non sanno dove andare né di chi possono fidarsi.

È necessario, insieme a un nascondiglio, avere un nome nuovo e sono spesso gli impiegati comunali a fare letteralmente «carte false». Altrettanto spesso è invece il parlare che diventa uno strumento di salvezza: primi fra tutti i portinai e portinaie nelle città, che avvertono gli inquilini ebrei, che raccontano bugie a tedeschi e fascisti sull'assenza in casa in quel momento, che accolgono nelle portinerie bambini che fanno passare per propri figli.

Sono quasi 8000 gli ebrei arrestati e deportati dall'Italia, altri 23-24.000 riescono a sfuggire alla caccia organizzata da nazisti e fascisti. La loro salvezza è parte di un processo più generale di resistenza civile all'occupazione tedesca o attraversa tutta l'Europa, sebbene in forme specifiche all'interno di ogni paese. È una forma di opposizione alle norme e al modello fascisti, che si traduce in forme di solidarietà per coloro che in qualche modo vi si oppongono o ne sono vittime. All'inizio è soprattutto l'aiuto offerto ai militari che vogliono sfuggire ai tedeschi e che gettano via le divise, rivestiti come borghesi dalle donne che gli offrono gli abiti dei mariti, dei fratelli, dei padri partiti per la guerra; poi è la volta dei partigiani, che senza la popolazione civile non potrebbero resistere per molti mesi in montagna e in clandestinità; e insieme tocca agli operai, che rischiano la deportazione dopo gli scioperi, o ai contadini che si rifiutano di mandare i prodotti agli ammassi. Sono molte e diversificate le forme di una resistenza civile che solo in parte è stata registrata o è emersa nei decenni successivi alla seconda guerra mondiale. Per quanto riguarda gli ebrei, nel 1963 una commissione istituita in Israele ha avuto il compito di attribuire il titolo di Giusto tra le Nazioni a tutti i non ebrei che, dopo un attento esame della documentazione, possono essere considerate persone che, mettendo a rischio la propria vita e senza alcun interesse personale, hanno salvato anche un solo ebreo dalla Shoah. Nel 2015 il loro numero è arrivato a circa 25.700, di cui oltre 630 italiani. È un numero che non corrisponde alla realtà di una rete di aiuti singoli e collettivi assai più ampia, le cui deboli tracce sono il riflesso di una necessaria clandestinità, non rivolta peraltro a ottenere un riconoscimento successivo.

MAMMA TILDE

«Avevo forse alternative? Potevo lasciare morire un bambino?» ha sempre ripetuto Clotilde Roda Boggio, conosciuta come Mamma Tilde, a chi le ha chiesto perché ha nascosto quel bambino ebreo durante la guerra. Clotilde è morta nel 1989 all'età di novantatré anni. Il 21 gennaio 1986 lo Yad Vashem l'ha riconosciuta Giusta tra le Nazioni.
Nel 1944 Clotilde è vedova e ha tre figli che sono in montagna con i partigiani.

Vive a Cuorgnè, nel Canavese, ed è molto povera, ma quando le portano il piccolo Massimo, che ha appena un anno, è ebreo e deve essere nascosto, non ha esitazioni, anche se il compenso che le è stato promesso per mantenerlo nei mesi successivi è rimasto nelle mani dell'uomo che avrebbe dovuto consegnare il denaro alla donna. Quel bambino – che è il figlio di Donato Foa ed Elena Recanati – rimane con lei fino all'ottobre del 1945 quando la mamma, che a differenza del padre è sopravvissuta ad Auschwitz, viene a riprenderlo.

Massimo nasce a Cuorgnè nel 1943 perché i genitori vi sfollano da Torino per scappare dai bombardamenti che in autunno hanno devastato la città. Scelgono di fermarsi in un paese, Canischio, dove iniziano a temere di non essere al sicuro quando, dopo l'8 settembre, nella zona giungono i tedeschi.

«Il poco latte che avevo se n'era andato», ha raccontato Elena, «poi la situazione disagiata: andavo al freddo a lavare pannolini, per cui latte non ne avevo e gli davo quello che trovavo, una volta era latte di capra, una volta era latte di mucca... e al bambino era venuto in bocca il funghetto, sa la lingua tutta bianca, una cosa che succede ai bambini, basta saperlo come si cura, ma io non lo sapevo e non avevo il coraggio di chiamare il medico perché avevo paura che ci denunciasse, perché il terrore era sempre che qualcuno, sapendo chi eravamo ci denunciasse».

È proprio il medico del paese a denunciarli. Gli uomini della Decima MAS vanno a prenderli e li portano nella caserma di Cuorgnè, poi alle Nuove di Torino. Iniziano giorni ancora più difficili per Elena, perché il pianto di Massimo sembra non interrompersi mai, non ha nulla per cambiarlo, la notte trascorre uccidendo le cimici che gli si avvicinano. Provvidenziale è l'aiuto della superiora del carcere, suor Giuseppina De Muro, che nei giorni successivi va a prendere spesso il bambino per non fargli trascorrere tutto il tempo in una cella. È sempre lei che riesce a far uscire Massimo dalle Nuove, nascosto in mezzo alle lenzuola sporche mandate in lavanderia, per condurlo a Cuorgnè e affidarlo a Mamma Tilde

IL DOTTOR ANGELA

Carlo Angela non è stato solo il padre di Piero, ma un Giusto tra le Nazioni, dichiarato tale dallo Yad Vashem il 29 agosto 2001. La sua opera di salvataggio, che conserva con riservatezza nei pochi anni di vita dopo la guerra (muore nel 1949), si svolge a villa Turina e Amione, una casa di cura di San Maurizio Canavese, in provincia di Torino. L'edificio, un ex convento, si affaccia sulla piazza del Municipio e prende il nome dal dottor Carlo Turina, che negli anni Sessanta dell'Ottocento lo fa ristrutturare. A Giuseppe Aimone, che ne diventerà il genero, affida il reparto di malattie mentali, l'unico all'epoca in Piemonte. All'inizio del Novecento Aimone prende la gestione della clinica e negli anni Venti chiama alla direzione del reparto Carlo Angela.

Ha quarantacinque anni – è nato nel gennaio 1875 a Olcenengo, un paese del Vercellese – si è laureato in Medicina a Torino per poi specializzarsi a Parigi in Neuropsichiatria. Il fascismo lo sorveglia non per la sua attività di medico ma perché ne è un oppositore: nei primi anni Venti aderisce al partito di Democrazia Sociale e collabora al giornale *Tempi nuovi*, poi soppresso dal fascismo, dove scrive coraggiosi articoli di condanna del movimento di Mussolini. Il 19 giugno 1924 compare un suo articolo dal titolo *La macchia sull'onore*, in cui accusa il fascismo per l'assassinio di Matteotti, un «nefando delitto che ha macchiato indelebilmente l'onore nazionale». La notte successiva i locali di *Tempi nuovi* vengono saccheggiati e incendiati.

La chiusura di tutti i giornali e la dura repressione dell'antifascismo mettono fine all'azione di Angela, che si dedica alla sua attività medica a San Maurizio Canavese.Angelo è un uomo riservato e cauto, non sottomesso, e mantiene rapporti con gli amici dell'antifascismo torinese, come gli avvocati Mario Passoni e Innocenzo Porrone, oppure Mario Carrara, professore universitario e medico delle carceri Nuove di Torino. Non c'è dunque soluzione di continuità

Sopra: il documento falso usato dalla signora Ottolenghi a San Maurizio Canavese.

A lato: il dottor Carlo Angela [entrambe le immagini sono tratte da Carlo Angela, un uomo giusto, *di Franco Brunetta, Provincia di Torino, Torino 2002].*

Villa Turina e Amione [tratta da Carlo Angela, un uomo giusto, *di Franco Brunetta, Provincia di Torino, Torino 2002].*

nel pensiero di Angela tra il necessario silenzio degli anni Trenta e il suo agire dopo l'8 settembre. Quando i tedeschi occupano la provincia di Torino, villa Turina diventa via via un nascondiglio per militari renitenti che non vogliono entrare nell'esercito di Salò, per partigiani ricercati o feriti, soprattutto per gli ebrei: Angela falsifica le cartelle cliniche, facendo pirandellianamente passare uomini sani per folli, così da poterli nascondere e proteggere. Tra gli ebrei che si rifugiano nella clinica vi sono Renzo Segre e la moglie Nella, Donato Bachi (che Angela ha conosciuto quando è stato direttore di *Tempi nuovi*), il colonnello dei carabinieri Lattes, il professor Nino Valobra, moglie e figlia dell'avvocato Massimo Ottolenghi e diversi altri. In una sua testimonianza, Ottolenghi ricorda la sera nell'autunno del 1943, quando suona alla porta della clinica:

trova davanti a sé un uomo dalla fronte ampia e dagli occhi profondi, di quelli che sanno scrutare l'animo. Si presenta come amico dell'avvocato Porrone. «Ho bisogno di ricoverare mia moglie», aggiunge. Il medico guarda i documenti, e senza dire nulla prepara un cartella clinica falsa per la moglie di Ottolenghi e nasconde la loro bimba di due anni. «Il professore era un uomo d'azione [...] non amava le parole.»

A San Maurizio vi è una consistente presenza fascista e nella zona vi sono formazioni partigiane attive. La repressione è continua e violenta, e la posizione di Angela, ben noto al regime, è delicata. Il momento più drammatico si verifica l'11 febbraio 1944, quando tre persone vengono fucilate dai fascisti sulla piazza del Municipio per rappresaglia. Anche il medico è tra coloro che dovrebbero essere uccisi, però all'ultimo momento viene escluso dopo un diretto intervento del conte di Robilant con il federale di Torino Solaro a capo. Angela è attivo nella Resistenza, organizzando il Comitato di Liberazione Nazionale a San Maurizio e fornendo il suo appartamento torinese di corso Galileo Ferraris sia per riunioni antifasciste sia per gli incontri tra i parenti dei suoi pericolosi ospiti della clinica. Alla fine della guerra, Angela diventa il primo sindaco della Liberazione del paese canavesano.

Sono gesti coraggiosi che nella maggior parte dei casi vengono compiuti da singoli individui che scelgono di stare dalla parte dei più deboli, come nel caso della famiglia degli Arleri. Giovanni Battista, la moglie Clelia e il figlio Elio nascondono nella loro abitazione, nel centro di Asti, due ebrei di Zagabria rifugiati in Italia, Otto Freund e la moglie Katerina Ban. Riescono a ottenere per loro documenti falsi e quando Otto ha un attacco di cuore, Giovanni Battista chiama un altro ebreo, Leone De Benedetti, per assisterlo. Invece i nove membri della famiglia del medico torinese Italo Foà si salvano grazie all'umanità di Luigi Grasso, interpellato da un albergatore di Fossano – dove i Foà sono sfollati dopo i bombardamenti che hanno colpito il capoluogo – che mette a disposizione una casa presa in affitto nel paese di Loreto: sono riforniti di tutti i beni necessari, possono contare sull'appoggio degli abitanti per essere avvertiti nel caso compaiono tedeschi e fascisti, mentre il dottor Foà si occupa di curare gli ammalati del paese. Altri nove ebrei alessandrini, ma di due famiglie imparentate, i Norzi e i Vitale, sono invece nascosti e salvati a Luserna San Giovanni, in val Pellice, dagli Avondet: Michel e Leontine, le due figlie Silvia e Maria, e il marito di quest'ultima Alfredo Comba. Ospitano gli ebrei in fuga dall'ottobre 1943 fino alla Liberazione, e malgrado siano una famiglia povera, che vive coltivando la terra di altri e lavorando in fabbrica, non chiedono alcun compenso e dividono il poco che hanno.

Tra i salvatori non mancano coloro che dovrebbero partecipare alla caccia all'ebreo, al loro arresto e concentramento. La deportazione dovrebbe essere il destino, per esempio, di molti ebrei che nel dicembre 1943 vivono nella condizione di «internamento libero» ad Alba. Provengono dalla Jugoslavia e dovrebbero essere arrestati, secondo quanto viene imposto dalla Repubblica Sociale. A ricevere l'ordine è il locale maresciallo dei carabinieri Carlo Ravera, che si rifiuta di obbedire, avverte la proprietaria di un mulino, Beatrice Rizzolio, la quale a sua volta si rivolge a una delle ebree internate per mettere in guardia i suoi correligionari. Ravera prende tempo e fa passare un giorno, sufficiente perché, anche grazie all'aiuto della moglie del carabiniere tutti possano mettersi in salvo.

Accanto ai singoli, un ruolo essenziale lo svolge la Delasem, che fino al 1943 si occupa di aiutare e assistere gli ebrei profughi in Italia provenienti dalle diverse zone d'Europa da cui fuggono a causa della persecuzione o del timore della deportazione. Dal 1943 l'organizzazione allarga la sua assistenza agli ebrei italiani in fuga. Gli uffici della Delasem, divenuti all'improvviso clandestini, iniziano a cercare nascondigli, distribuire denaro per garantire la sopravvivenza, fornire documenti falsi, preparare lo sconfinamento in Svizzera. La Delasem ottiene l'aiuto di singole persone che la finanziano o si impegnano per costruire la rete clandestina, ma soprattutto costruisce un'efficace forma di collaborazione con le autorità ecclesiastiche. È molto attiva a Genova, Torino, Firenze, Roma: città che segnano la linea di direzione verso il sud, ossia dove l'organizzazione cerca di indirizzare il mag-

Il cardinal Maurilio Fossati a Torino, alla festa per la liberazione della città [ANSA/Alinari].

gior numero di ebrei per metterli al sicuro nella zona progressivamente liberata dalla truppe alleate. In Piemonte è fondamentale l'azione di Raffaele Jona, ingegnere trentottenne originario di Ivrea, che dopo l'8

settembre entra nelle formazioni partigiane e contribuisce a organizzare una complessa rete di aiuti per gli ebrei tra Italia e Svizzera. Ma come in tutte le altre zone dove agisce la Delasem, essenziale risulta l'aiuto delle istituzioni ecclesiastiche che forniscono risorse e rifugi, come la Curia torinese guidata dal cardinale Maurilio Fossati a Torino, coadiuvato dal suo segretario monsignor Vincenzo Barale il quale ha il compito di mantenere i rapporti con l'organizzazione di salvataggio (attraverso don Francesco Repetto, segretario dell'arcivescovo di Genova) e di distribuire i fondi agli ebrei bisognosi.

È indiscutibile il ruolo svolto dai religiosi nella salvezza di un gran numero di ebrei italiani e stranieri. Si rivolgono a loro perché sanno che non li denunceranno, e allo stesso tempo sono tra i pochi che possono garantire o procurare le risorse necessarie per sopravvivere o per organizzare la fuga. I sacerdoti dispongono di un'autorevolezza che consente loro di avere rapporti con la burocrazia e con le altre organizzazioni dello Stato, spesso con l'occupante. È una minoranza di uomini e donne coraggiosi che fanno onore alla loro vocazione, come ha scritto la storica Susan Zuccotti. Conventi, monasteri, chiese e canoniche accolgono persone in fuga, singoli e gruppi, senza alcuna distinzione tra antifascisti, ebrei, militari. Nei luoghi religiosi dove sono nascosti gli ebrei, abati e badesse si prendono la responsabilità di un'opera di soccorso che coinvolge l'intera comunità. In molti paesi, l'autorità dei parroci contribuisce a costruire un silenzio collettivo che non poche volte rappresenta l'arma più efficace. Istituti votati alla preghiera e alla clausura vengono consapevolmente violati, ponendo come priorità le persone e la loro salvezza. Si formano catene di solidarietà che mettono in relazione organizzazioni cattoliche ed ebraiche, persone delle istituzioni e semplici cittadini che – per propria volontà o per casualità – si trovano coinvolte.

La madre superiora del convento domenicano per novizie di Fossano, Maria Angelica Ferrari, nasconde la piccola Regina Schneider, che ha cinque anni nel settembre 1943 quando, insieme al fratellino Louis e alla madre Dvorah, cerca di mettersi in salvo fuggendo dalla zona della Francia del sud, dove ebrei provenienti da tutta Europa (gli Schneider sono olandesi e il padre Joseph è stato catturato dai tedeschi e deportato) sono stati protetti fino a quel momento dall'occupazione delle truppe italiane e che dopo l'armistizio devono scappare di fronte all'arrivo dei tedeschi. In viaggio verso Torino, la donna si getta con i figli dal treno in corsa quando sente la notizia che i nazisti sono giunti anche nel capoluogo piemontese. A Fossano viene ricoverata e affida i figli al medico che la cura, e lui a sua volta chiede aiuto a monsignor Dionisio Borra, vescovo della cittadina cuneese. Due conventi accolgono i bambini, e Regina viene indirizzata a uno femminile dove, sotto la guida della madre superiora, trova un ambiente che l'accoglie con amore e la protegge. Anche la famiglia Horowitz, originaria della Germania, deve fuggire dal sud della Francia e in particolare dal domicilio coatto di Saint-Martin-Vésubie. Dopo la lunga traversata delle Alpi, gli Horowitz (Haron, Anna e le due bambine Chaya Ella e Gitta) sfuggono all'arresto che li avrebbe condotti, come altre centinaia di ebrei, al campo di concentramento e transito di Borgo San Dalmazzo e poi alla deportazione ad Auschwitz. Nascosti in una stalla da una donna del luogo, è un sacerdote, don Francesco Brondello, a costruire la loro nuova identità e a salvarli. Viceparroco di Valdieri, don Francesco è l'assistente di don Viale e agisce per conto della Delasem. Li fotografa, procura loro documenti falsi e vestiti nuovi necessari per l'inverno. Gli Horowitz si salvano tutti, le due bambine raggiungendo Roma e rimanendo nascoste in un convento di suore.

DUE PRETI E UN BANCHIERE PER GLI EBREI IN FUGA

Sono originari di Germania, Belgio, Ungheria, Polonia i circa mille ebrei che tra l'8 e il 13 settembre 1943 compiono la traversata delle Alpi che li porta dalla residenza forzata di Saint-Martin-Vésubie in Italia. Rinchiusi nelle caserma degli alpini di Borgo San Dalmazzo o nascosti nelle cascine delle località vicine, hanno bisogno di aiuto. Tra i primi a portare soccorso c'è don Raimondo Viale, parroco di Borgo San Dalmazzo, un uomo e un sacerdote anticonformista, per questo bastonato dai fascisti e inviato al confino in Molise nel 1940 a causa di un'omelia contro la guerra. Dopo i primi aiuti, viene incoraggiato a continuare dal cardinale di Torino Fossati che lo mette in contatto con don Repetto a Genova, punto di contatto con la Delasem, e per conto dell'organizzazione ebraica don Viale inizia a organizzare viaggi verso la Svizzera per mettere al sicuro una parte degli ebrei, produce documenti falsi con l'aiuto di don Francesco Brondello, viceparroco di Valdieri (che a sua volta si preoccupa di fare avere agli internati di Borgo lettere dei parenti), consegna il denaro che la Delasem ha raccolto a coloro che sono costretti a nascondersi. È una rete di soccorso che aiuta centinaia di persone, che necessita e ottiene la collaborazione degli abitanti della zona, che forniscono cascine, cibo e silenzio. C'è anche chi interviene in prima persona e con decisione, come il banchiere Giuseppe Meinardi che salva due ragazzi, Menachem e Arie Marienberg, di sedici e undici anni. Quando il più piccolo dei due viene ricoverato all'ospedale Santa Croce di Cuneo per un attacco di appendicite e viene raggiunto qualche giorno dopo dal fratello a causa di alcune ferite causategli dalle guardie del campo di Borgo, Meinardi, che è un benefattore dell'ospedale, li prende con sé e li nasconde per tutto il periodo della guerra.

Lo Yad Vashem ha dichiarato Giusto tra le Nazioni Meinardi il 16 dicembre 1998, Viale il 7 agosto 2000 e Brondello il 17 febbraio 2004. A Viale è stata intitolata anche una piazza a Borgo San Dalmazzo, e Nuto Revelli ha raccontato la sua storia in *Il prete giusto* (Einaudi, Torino 2004).

PADRE GIUSEPPE GIROTTI

Ha appena compiuto trentotto anni padre Giuseppe Girotti quando i tedeschi occupano l'Italia. È originario di Alba, ha studiato teologia ed è un appassionato interprete delle Sacre Scritture. Si dedica anche all'insegnamento presso il seminario domenicano di Santa Maria delle Rose a Torino. Lo sguardo mite nasconde un carattere tutt'altro che remissivo. È aperto alle idee nuove e per questo, già negli anni Trenta, si mette negativamente in luce di fronte al regime fascista e alle gerarchie ecclesiastiche: posto sotto osservazione per le sue posizioni anticonformiste, viene sospeso dall'insegnamento e trasferito. È il 1939, e quando scoppia la guerra padre Girotti sembra dedicarsi soprattutto allo studio e alla pubblicazione di opere teologiche. Non è del tutto così: il dramma del conflitto e il crescendo di morte e violenza non possono che interrogarlo; per lui, come per molti, è l'8 settembre a determinare una scelta definitiva. Contribuisce a creare una rete di appoggio per i partigiani e interviene più volte per informare gli ebrei che lui conosce delle possibili retate fasciste

e tedesche. Aiuta di persona Elyane Weil e la madre Emma Debenedetti a nascondersi in un convento, e a lui si deve anche la salvezza l'avvocato torinese Salvatore Fubini.

Queste e altre attività lo rendono sempre più sospetto ai tedeschi e alla Repubblica Sociale, così il 29 agosto 1944 viene arrestato e rinchiuso alle Nuove di Torino. Trasferito a San Vittore a Milano, poi a Bolzano, viene deportato nel lager di Dachau dove viene ucciso il 1° aprile 1945, un giorno di Pasqua. Padre Girotti è stato riconosciuto Giusto tra le Nazioni il 14 febbraio 1995, mentre la sua beatificazione è stata dichiarata nel 2014.

Padre Giuseppe Girotti [ANSA].

Sacerdoti, suore e istituzioni religiose sono dunque un tassello importante di una rete di aiuti che si incrociano e si completano, perché le condizioni sono in continuo mutamento: le presenze fasciste e naziste accrescono il pericolo, i luoghi devono essere cambiati perché è difficile fidarsi. Inoltre, si tratta di sistemare e nascondere famiglie spesso molto numerose, che devono quindi essere divise e inviate in località diverse. L'avvocato Giuseppe Brusasca organizza nel Monferrato un gruppo che salva la vita a tre famiglie ebraiche. I Foa sono nascosti a Cantavenna dal parroco del paese, padre Ernesto Torra, fino a quando non viene organizzata la loro fuga in Svizzera. I coniugi Magda e Alberto Sacerdote hanno tre bambine e vengono divisi: gli adulti nella casa parrocchiale di Isolengo (insieme al cognato e all'anziana madre di Alberto) del parroco antifascista don Giovanni Sisto, le figlie in un istituto religioso sempre nel Monferrato. Prima di raggiungere

Attilio Francesetti, che aiuta a raggiungere la Francia un centinaio di ebrei protetti dai valligiani dei comuni di Ceres, Ala di Stura e Chialamberto [Archivio Avondo].

la Svizzera, le tre piccole sono accolte per un periodo dal parroco del paese di Piazzano, don Valentino Verruca. La terza famiglia, i Donati, è nascosta dallo stesso Brusasca nella sua casa di Milano. Anche nella vicenda della famiglia Segre – l'avvocato Arturo Segre, la moglie Ada, la figlia Adele e la nonna Enrichetta – intervengono salvatori diversi. La prima è Michelina Saracco che a Govone, nel Cuneese, abita vicino a loro, e con il marito gestisce una ditta di trasporti che fa servizio in alcuni comuni dell'Astigiano. La donna nasconde Ada e Adele in casa sua, intanto fornisce aiuto ad Arturo, che si è vestito da venditore ambulante e fino alla fine della guerra gira per le campagne nascondendosi. Quando la presenza tedesca diventa troppo pericolosa, con uno dei suoi autobus Michelina conduce le due donne a Racconigi, nell'ospedale psichiatrico gestito dalle suore, mentre tiene con sé per i mesi successivi Enrichetta.

SEDICI BAMBINI SALVATI A CASALE

Giuseppina Gusmano e il marito Felice Pretti sono riconosciuti Giusti tra le Nazioni l'11 ottobre 2000. È soprattutto lei, morta tre anni prima, ma che nel 1961 ha visto riconoscere il suo ruolo dalla Comunità ebraica di Torino con la consegna di una medaglia d'oro, a essere il motore di una storia che, nel 1943, porta alla salvezza di sedici bambini e ragazzi ebrei. Hanno dai sette ai quindici anni, e alla fine del 1942 sono costretti ad abbandonare l'orfanotrofio ebraico Enrichetta Sacerdote di Torino a causa dei bombardamenti che hanno colpito la città. Nell'autunno di quell'anno, infatti, il capoluogo subalpino subisce un ciclo di incursioni pesantissimo e la stessa sinagoga, la scuola e gli uffici della Comunità sono in gran parte distrutti. Alla data del 21 novembre 1942, il ventisettenne Emanuele Artom scrive nel suo diario: «Ero in corso Vittorio quando incontro una mia alunna che mi dice che il Tempio è bruciato. Viene appunto di là e mi riferisce che qualche passante diceva: 'Sta bene agli ebrei che hanno voluto la guerra'. Vado a vedere. L'interno è tutto distrutto e coperto di calcinacci. Tutto intorno quasi intatte le mura con le quattro torri. Anche la Comunità è incendiata e la scuola pericolante». Durante l'estate, i bambini dell'orfanotrofio sono stati ospitati in una sede in collina, una villa della famiglia Ovaz- za, ma d'inverno non è più possibile. Guidati dalla direttrice Gioconda Carmi

I bambini ebrei aiutati da Giuseppina Gusmano e Felice Pretti davanti a villa Ovazza, dove sono sfollati durante l'estate [Archivio Elisabetta Massera].

sfollano a Casale Monferrato, accolti nei locali della Comunità ebraica. Tra di loro c'è Emanuele Pacifici, figlio del rabbino di Genova, che ha undici anni, e ha come compagno di camerata Franco Cesana, che sarà ricordato come «il più giovane partigiano d'Italia», ucciso appena dodicenne da una raffica di mitra. Emanuele ricorda il razionamento, la fame ma soprattutto l'umiliazione dei bambini rapati a zero e la durezza di quella direttrice, rude nei modi e nelle punizioni, che un giorno – segnata da una crescente preoccupazione – gli dà una sberla perché si è fermato a parlare con un tedesco. Dopo l'8 settembre la presenza di bambini e ragazzi ebrei in un luogo naturalmente pericoloso inizia a preoccupare i dirigenti della Comunità, ma prima ancora di trovare una soluzione giunge improvvisa, il 29 settembre 1943, la notizia di un'imminente retata nazista, forse provocata da una delazione. A comunicarla alla direttrice dell'orfanotrofio è Giuseppina Pretti: fuggire diventa una priorità ed è la stessa Giuseppina, insieme al marito, a offrire un nascondiglio a casa.

La sera stessa, in silenzio e in piccoli gruppi, i sedici bambini attraversano le strade secondarie di Casale e, giunti a destinazione, aiutano a trasformare la sala da pranzo di casa Pretti in un vero e proprio dormitorio. La coppia ha una figlia, Dirce, che ha dieci anni e già da tempo gioca nei locali della comunità con quel gruppo di bambini, continuando a farlo quando poi si trasferiscono nella sua casa. Ma sedici bambini, per quanto venga

loro imposto il silenzio, non possono passare inosservati.

Di fronte alla curiosità e alle proteste per il rumore da parte dei vicini, Giuseppina li invita a partecipare a una riunione e li informa della presenza di quei pericolosi ospiti. Non è una discussione facile: tuttavia, nonostante alcuni iniziali malumori tutti aderiscono alla richiesta di aiuto. I bambini sono costretti per qualche giorno a rimanere nascosti, ma possono per esempio giocare qualche ora nel cortile, sebbene con la consegna di un rigoroso silenzio. Nel frattempo, con cautela e correndo rischi, Gioconda riesce a informare le famiglie dei bambini e ragazzi. Infatti solo alcuni sono orfani, la gran parte è costituita dai figli di famiglie che non possono temporaneamente tenerli con sé o che in quel frangente di guerra li hanno voluti proteggere separandoli dagli adulti. Tornati a Torino, sono ospitati ancora alcune settimane nella sede estiva dell'orfanotrofio ebraico torinese, in seguito sono ricongiunti ai genitori o messi in salvo, anche grazie all'azione dei salesiani e di monsignor Vincenzo Barale, segretario del cardinale Fossati.

In questa pagina e nella seguente, ritratti dei bimbi ebrei aiutati da Giuseppina Gusmano e Felice Pretti [Archivio Elisabetta Massera].

I bambini finalmente ricongiunti alle loro famiglie e, a destra, la foto che hanno firmato sul retro ringraziando per l'aiuto ricevuto [Archivio Elisabetta Massera].

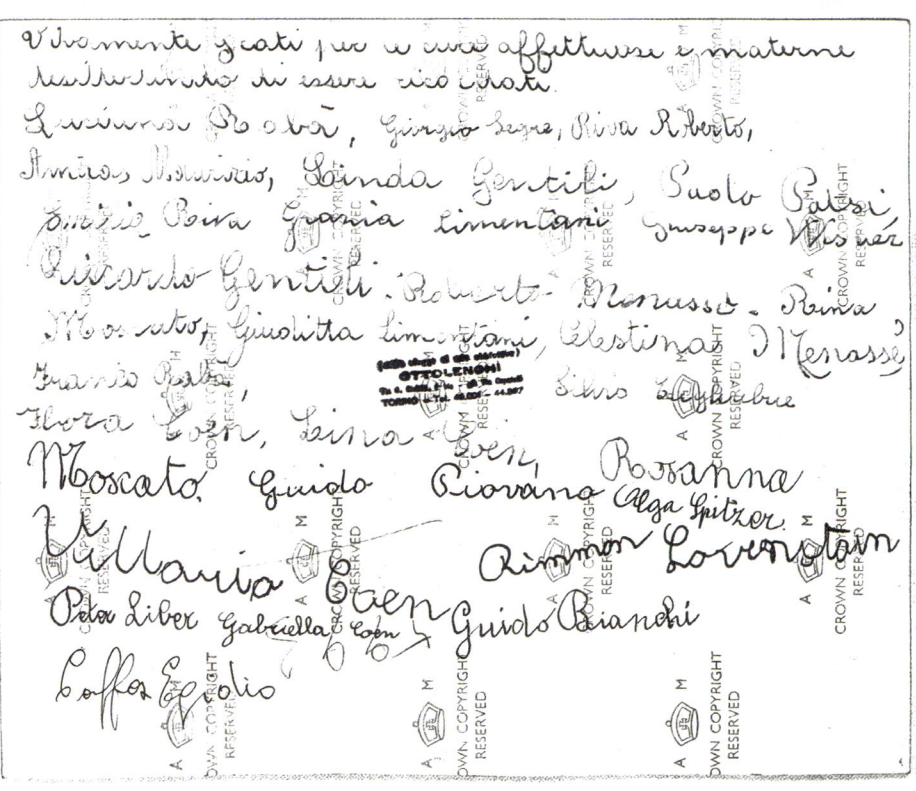

Bibliografia

Opere generali

M. Avagliano, M. Palmieri, *Gli ebrei sotto la persecuzione in Italia. Diari e lettere 1938-1945*, Einaudi, Torino 2011.

A. Bravo, D. Jalla (a cura di), *La vita offesa. Storia e memoria dei Lager nazisti nei racconti di duecento sopravvissuti*, Franco Angeli, Milano 1986.

N. Caracciolo, *Gli ebrei e l'Italia durante la guerra 1940-45*, Bonacci editore, Roma 1986.

E. Collotti, *Le carte dell'amministrazione tedesca relative al Piemonte*, in Istituto storico della Resistenza in Piemonte, *Una storia di tutti. Prigionieri, internati, deportati italiani nella seconda guerra mondiale*, Franco Angeli, Milano 1989.

M. Flores et alii (a cura di) *Storia della Shoah in Italia. Vicende, memorie, rappresentazioni*, 2 voll., Utet, Torino 2010.

L. Klinkhammer, *L'occupazione tedesca in Italia 1943-1945*, Bollati Boringhieri, Torino 1993.

B. Maida, *La Shoah dei bambini. La persecuzione dell'infanzia ebraica in Italia 1938-1945*, Einaudi, Torino 2013.

G. Mayda, *Storia della deportazione dall'Italia 1943-1945. Militari, ebrei, politici nei lager del Terzo Reich*, Bollati Boringhieri, Torino 2002.

L. Picciotto Fargion, *Il libro della memoria. Gli Ebrei deportati dall'Italia (1943-1945)*, Mursia, Milano 2002 (nuova edizione).

M. Sarfatti, *Gli ebrei nell'Italia fascista. Vicende, identità, persecuzione*, Einaudi, Torino 2007 (1 ed. 2000).

F. Spada, *I trasporti dal Piemonte verso i campi di sterminio nazisti. Contributo ad una storia regionale della deportazione*, Tesi di laurea (rel. G. Rochat), Università degli Studi di Torino, a.a. 1995-1996.

K. Voigt, *Il rifugio precario. Gli esuli in Italia dal 1933 al 1945*, La Nuova Italia, Scandicci (Firenze) 1996.

S. Zuccotti, *L'olocausto in Italia*, Mondadori, Milano 1988.

Il Torinese

Torino 1938-45. Una guida per la memoria, Città di Torino-Istituto piemontese per la storia della resistenza e della società contemporanea, Torino 2000.

L. Boccalatte, A. D'Arrigo, B. Maida (a cura di), *Luoghi della guerra e della Resistenza nella provincia di Torino*, Blu edizioni, Torino 2006.

B. Mantelli, *L'occhio del padrone. I rapporti mensili della Militärkommandantur tedesca a Torino (ottobre 1943-settembre 1944)*, in L. Boccalatte, G. De Luna, B. Maida (a cura di), *Torino in guerra*, Catalogo della mostra, Gribaudo, Cavallermaggiore 1995.

L. Picciotto Fargion, *Gli ebrei di Torino deportati: notizie statistiche (1938-1945)*, in F. Levi (a cura di), *L'ebreo in oggetto. L'applicazione della normativa antiebraica a Torino 1938-1943*, Silvio Zamorani Editore, Torino 1991.

A. Zargani, *Per violino solo. La mia infanzia nell'Aldiqua 1938-1945*, il Mulino, Bologna 1995.

Il Cuneese

A. Cavaglion, *Nella notte straniera. Gli ebrei di S. Martin Vésubie e il campo di Borgo San Dalmazzo, 8 settembre-21 novembre 1943*, L'Arciere, Cuneo 1981.

A. Muncinelli, *Even. Pietruzza della memoria. Ebrei 1938-1945*, Edizioni Gruppo Abele, Torino 1994.

A. Muncinelli, *La deportazione ebraica dalla provincia di Cuneo, in Il libro dei deportati*, vol. II, *Deportati, deportatori, tempi, luoghi*, a cura di B. Mantelli, Mursia, Milano 2010.

D. Schiffer, «Non c'è ritorno a casa. Memorie di vite stravolte dalle leggi razziali», in *Il presente e la storia*, n. 61, giugno 2001

L'Astigiano

N. Fasano (a cura di), «Numero di matricola A8472…», in *Asti contemporanea*, n. 10, dicembre 2004.

N. Fasano, M. Renosio, *La deportazione dalla provincia di Asti*, in *Il libro dei deportati*, vol. II, *Deportati, deportatori, tempi, luoghi*, a cura di B. Mantelli, Mursia, Milano 2010.

A. Villa, *Ebrei in fuga. Chiesa e leggi razziali nel Basso Piemonte (1938-1945)*, Morcelliana, Brescia 2004.

L'Alessandrino

C. Manganelli, B. Mantelli, *Antifascisti, partigiani, ebrei. I deportati alessandrini nei campi di sterminio nazisti, 1943-1945*, Franco Angeli, Milano 1991.

A. Perosino, *La Shoah in provincia di Alessandria*, Le Mani-Isral, Recco-Genova 2005.

M. Sarfatti, «Contro i libri e i documenti delle Comunità israelitiche italiane, 1938–1945», in *La Rassegna Mensile di Israel*, vol. LXIX, n. 2, maggio–agosto 2003.

A. Villa, *Ebrei in fuga. Chiesa e leggi razziali nel Basso Piemonte (1938-1945)*, Morcelliana, Brescia 2004.

Il Novarese

M. Begozzi, *La strage dimenticata. Meina settembre 1943, il primo eccidio di Ebrei in Italia*, Interlinea, Novara 2003.

A. Braga (a cura di), *La città e la guerra. Novara 1940-45*, Comune di Novara, Novara 2006.

G. Galli, *La deportazione novarese: una ricerca in corso, in Il libro dei deportati*, vol. II, *Deportati, deportatori, tempi, luoghi*, a cura di B. Mantelli, Mursia, Milano 2010.

M. Nozza, *Hotel Meina. La prima strage di ebrei in Italia*, Mondadori, Milano 1993.

A. Toscano, *L'olocausto del Lago Maggiore (settembre-ottobre 1943)*, Aliberti, Novara 1993.

Il Vercellese

P. Ambrosio (a cura di), «I 'mattinali' della Questura di Vercelli ottobre 1943-aprile 1945», in *L'impegno*, a. VI, n. 3, settembre 1986.

A. Lovatto, *Deportazione memoria comunità. Vercellesi, biellesi e valsesiani nei Lager nazisti*, Franco Angeli, Milano 1998.

A. Lovatto (a cura di), *Dalle leggi razziali alla deportazione. Ebrei tra antisemitismo e solidarieta*. Atti della giornata di studi, Torrazzo, 5 maggio 1989, Istituto per la storia della Resistenza e della società contemporanea in provincia di Vercelli «Cino Moscatelli», Vercelli, 1992.

C. Merlo, «La Comunità ebraica di Vercelli nel 1943», in *L'impegno*, a. XXIII, n. 2, dicembre 2003.

C. Merlo, «La Comunità ebraica di Vercelli dal 1943 al dopoguerra», in *L'impegno*, a. XXIV, n. 1, giugno 2004.

Ebrei e Resistenza

E. Artom, *Diari di un partigiano ebreo, gennaio 1940-febbraio 1944*, a cura di G. Schwarz, Bollati Boringhieri, Torino 2008.

G. Bolaffi, *Partigiani in Val di Susa, I novi diari di Aldo Laghi*, a cura di C. Colombini, Franco Angeli, Milano 2014.

A. Chiappano (a cura di), *A noi fu dato in sorte questo tempo, 1938-1945*, Insmli, Milano 2011.

E. Consolo, *Le Alpi, la Resistenza, i paesaggi*, a cura di B. Berruti, Seb27, Torino 2007.

B. Maida, *La Resistenza di fronte alla persecuzione degli ebrei*, in M. Flores et alii (a cura di), *Storia della Shoah in Italia*, vol. 1, *Vicende, memorie, rappresentazioni*, Utet, Torino 2010.

L. Monaco, B. Verri (a cura di), *Resistenze. Quelli di Paraloup*, Edizioni Gruppo Abele, Torino 2013.

S. Peli, «Resistenza e Shoah», in *Passato e presente*, n. 70, 2007.

L. Picciotto Fargion, «Sul contributo di ebrei alla resistenza italiana», in *La Rassegna mensile di Israel*, vol. XLVI, nn. 3-4, 1980.

V. Ravaioli, «La partecipazione degli ebrei alla Resistenza in Piemonte», in *Mezzosecolo*, vol. 12, a. 1999-2000.

I Giusti piemontesi

S. Antonini, *DelAsEm: storia della più grande organizzazione ebraica di soccorso durante la seconda guerra mondiale*, De Ferrari, Genova 2000.

F. Brunetta, A. Segre, G. Torri, *Carlo Angela, un uomo giusto*, Assessorato alla Cultura della Provincia di Torino, Torino 2002 .

I Giusti d'Italia. I non ebrei che salvarono gli ebrei, direzione di I. Gutman, ed. italiana a cura di L. Picciotto, Mondadori, Milano 2006.

N. Revelli, *Il prete giusto*, Einaudi, Torino 1998.

M. Sarfatti, «Raffaele Jona e il soccorso agli ebrei del Piemonte durante la Repubblica sociale italiana», in *Questioni di storia della Valle d'Aosta contemporanea*, n. 3, 1990.

R. Segre, *Venti mesi*, Sellerio, Palermo 1995.

S. Sorani, *L'assistenza ai profughi ebrei in Italia, 1933-1941. Contributo alla storia della Delasem*, a cura di A. Tagliacozzo, Carucci, Roma 1983.

Ringraziamenti

L'autore e l'editore desiderano ringraziare tutte le persone che, con cortesia, sensibilità e professionalità, hanno contribuito alla raccolta del materiale iconografico riprodotto nel volume:

- Barbara Berruti e Andrea D'Arrigo dell'Istoreto (Istituto Piemontese per la Storia della Resistenza e della Società Contemporanea di Torino)
- Michele Calandri, Marco Ruzzi e Claudio Comello dell'Istituto Storico della Resistenza e della Società Contemporanea in Provincia di Cuneo
- Franco Castelli dell'Isral (Istituto Storico della Resistenza e della Società Contemporanea in Provincia di Alessandria)
- Nicoletta Fasano dell'Israt (Istituto Storico della Resistenza e della Società Contemporanea in Provincia di Asti)
- Elisabetta Massera
- Gian Vittorio Avondo.

L'editore è disponibile a regolare eventuali spettanze relative alle immagini di cui, nonostante ricerche, non è stato possibile reperire la fonte.

DELLO STESSO AUTORE

Bruno Maida
AUSCHWITZ E LA SHOAH
STORIA PER IMMAGINI DELL'OLOCAUSTO 1933-1945
Pagine: 144
Formato: 17,5 × 25
ISBN: 978-88-7707-238-2
Prezzo: 9,90 euro

Bruno Maida
HITLER 1945
STORIA PER IMMAGINI DEL FÜHRER, DALLE ORIGINI ALLA CADUTA DEL REGIME
Pagine: 144
Formato: 17,5 × 25
ISBN: 978-88-7707-241-2
Prezzo: 9,90 euro

Bruno Maida
QUANDO PARTIVAMO NOI
STORIE E IMMAGINI DELL'EMIGRAZIONE ITALIANA 1880-1970
Pagine: 144
Formato: 17,5 × 25
ISBN: 978-88-7707-269-6
Prezzo: 9,90 euro

Seguici su

facebook

e iscriviti alla nostra newsletter
per sapere tutto sui nostri prossimi libri in uscita,
gli incontri con gli autori e le iniziative speciali.

www.edizionidelcapricorno.com

facebook.com/EdizionidelCapricorno

**Libri per non smettere mai di guardare
il mondo con occhi nuovi**